映像を撮る 1 フィールドワークの記録

口絵写真①　アラスカのダッチハーバーに入港する「おしょろ丸」

北海道大学水産学部の練習船「おしょろ丸」．北極海周辺のフィールドワークを映像で記録し，北大総合博物館の企画展示で公開した．「博物館映像学」という新しい研究分野を紹介する．第 3 章参照．藤田良治．

口絵写真②　出航前日，丘の上から俯瞰撮影

曇り空の多いダッチハーバーだが，この日は天気に恵まれた．学生に手伝ってもらい，カメラと三脚を担いで高台へ登った．撮影ポイントはおしょろ丸のデッキから探し，船がよく見える対岸から停泊する姿を撮影した．藤田良治．

映像を撮る 2

音楽・芸能

口絵写真③　民家の軒先で歌うラリベロッチの夫妻

ラリベロッチはエチオピアの音楽職能集団のひとつで，楽器を用いず，声だけで“門付”のパフォーマンスを行う吟遊詩人．第6章参照，2004年，川瀬 慈．

口絵写真④　アジスアベバのホテルで歌うアズマリの女性

アズマリもエチオピアの音楽職能集団のひとつ．楽器を奏で，祝祭儀礼や酒場で歌い踊る．2007年，川瀬 慈．

口絵写真⑤　北海道トマム山の雲海
トマム山のゴンドラ山頂駅からみられる雲海の動きを連続撮影した．ゆっくりと流れる雲の自然特有の動きを，魅力的な動画映像に変換する工夫をした．コラム 2 参照，中村一樹．

映像を撮る 3

自然の動きと定点観測

口絵写真⑥⑦　トマム山の全層雪崩の前と後
左は雪崩発生前のクラック（2012 年 12 月）．全層雪崩の原因となるクラックが厳冬期に発生するのは稀である．右は同様のクラックがきっかけとなり近くの斜面で発生した全層雪崩（2013 年 3 月）．クラックの原因は笹の倒伏であった．中村一樹．

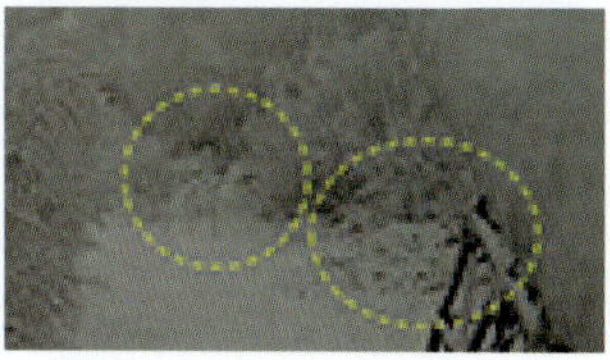

口絵写真⑧⑨　雪崩の原因となった笹の倒伏
積雪直前（2012 年 11 月 13 日：左）と積雪後（11 月 14 日：右）の映像．笹が倒伏し，滑り台のようになって雪崩発生源がつくられる過程を，雲海撮影用の定点観測カメラがとらえていた．中村一樹．

映像を撮る 4

南極湖沼の不思議な世界

口絵写真⑩　南極湖沼を調べる

あまり知られていないことだが南極の露岩域には多数の湖沼群が存在する．雪・氷や岩ばかりの地上とはまったく異なり，南極湖沼の底は豊かな植物群落に一面覆われている．第 4 章参照，田邊優貴子．

口絵写真⑪　南極湖底の不思議な植物群落

南極湖沼はそれぞれが独立し，独自の湖底生態系ができあがっている．このユニークな生態系を調べるために，長期ビデオカメラ撮影を行い，映像記録を用いて研究をすすめている．田邊優貴子．

口絵写真⑫　北極スヴァールバル諸島の国際研究村“ニーオルスン”
いくつもの氷河で削られた山々に囲まれ，平地には世界各国の観測基地が立ち並ぶ．田邊優貴子．

上空から見た北極と南極の風景の違い

口絵写真⑬　北極の風景
手前の氷河は黒っぽく着色している．陸地は，高等植物・コケ・藻類・地衣類でできたツンドラの豊かなカーペットが覆う．田邊優貴子．

口絵写真⑭　南極の風景
南極大陸の大地を青白く分厚い氷が覆っている．陸地には高等植物はみられず，赤茶けた岩石砂漠のような風景が広がる．田邊優貴子．

映像を撮る 5

動物の見る世界

口絵写真⑮　水中を泳ぐペンギンの後ろ姿

別のペンギンに装着したカメラによる画像．コラム 1 参照，渡辺佑基．

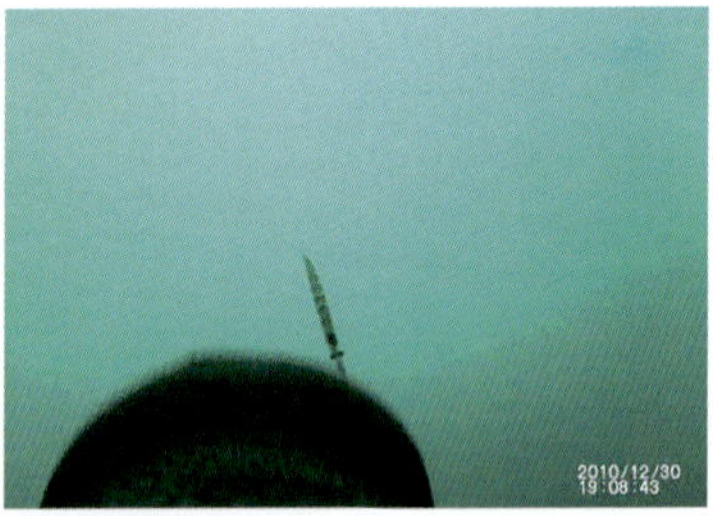

口絵写真⑯　オキアミを捕える瞬間

手前にみえているのはペンギンの後頭部．渡辺佑基．

口絵写真⑰　ペンギンカメラが見た南極の海と地表

野生動物に各種センサーを取りつけて生態を観察する手法はバイオロギングとよばれ，近年急速に発展している．渡辺佑基．

映像を見せる 1 上映会

口絵写真⑱　エストニアで開催された民族誌映画祭の上映会場

映画は作って終わりでなく，上映の機会を手に入れる必要がある．私は作品完成後，インターネットで知った 12 の国際民族誌映画祭に応募し，6 つの映画祭で上映する機会を得た．コラム 4 参照，伊藤 悟．

口絵写真⑲　出張上映会の **1** コマ

市井の人びとによる記録の価値を探求するアーカイブ・プロジェクト，AHA!（アハ!）．現在は，昭和 30 ～ 50 年代にかけて映像史上はじめて個人用に普及した「8 ミリフィルム」に注目している．数十年もの間，家の押し入れで眠っていたフィルムに再び光をあてる「出張上映会」．所有者の自宅が会場となる．スクリーンに映像が映ると，ご家族は一気に色めき立つ．第9章参照，松本 篤．

口絵写真⑳　シベリアのトナカイ牧畜民の写真および民具の展示会

入口のポスターの巨大さが際立つ．フィールドで撮影したトナカイの顔写真をトリミングした．デジタル技術ならではである．なお，目のなかに筆者が写っていた．調査者は，現地の人だけでなく動物からも見られている．第 7 章参照，高倉浩樹．

口絵写真㉑　展示会会場のにぎわい

文化人類学の社会的使命の一つは異文化理解の促進にある．研究資料として撮影された写真が，15 余年を経て現地で展示された．村の記録となった写真を楽しみに集まる人びとと接し，映像の可能性を痛感した．高倉浩樹（撮影は千葉義人）．

映像を見せる 2 展示会場

FENICS

Fieldworker's Experimental Network for Interdisciplinary CommunicationS

15

100万人のフィールドワーカーシリーズ

フィールド映像術

分藤大翼・川瀬慈・村尾静二 編

古今書院

15 巻のフィールドワーカーの調査地

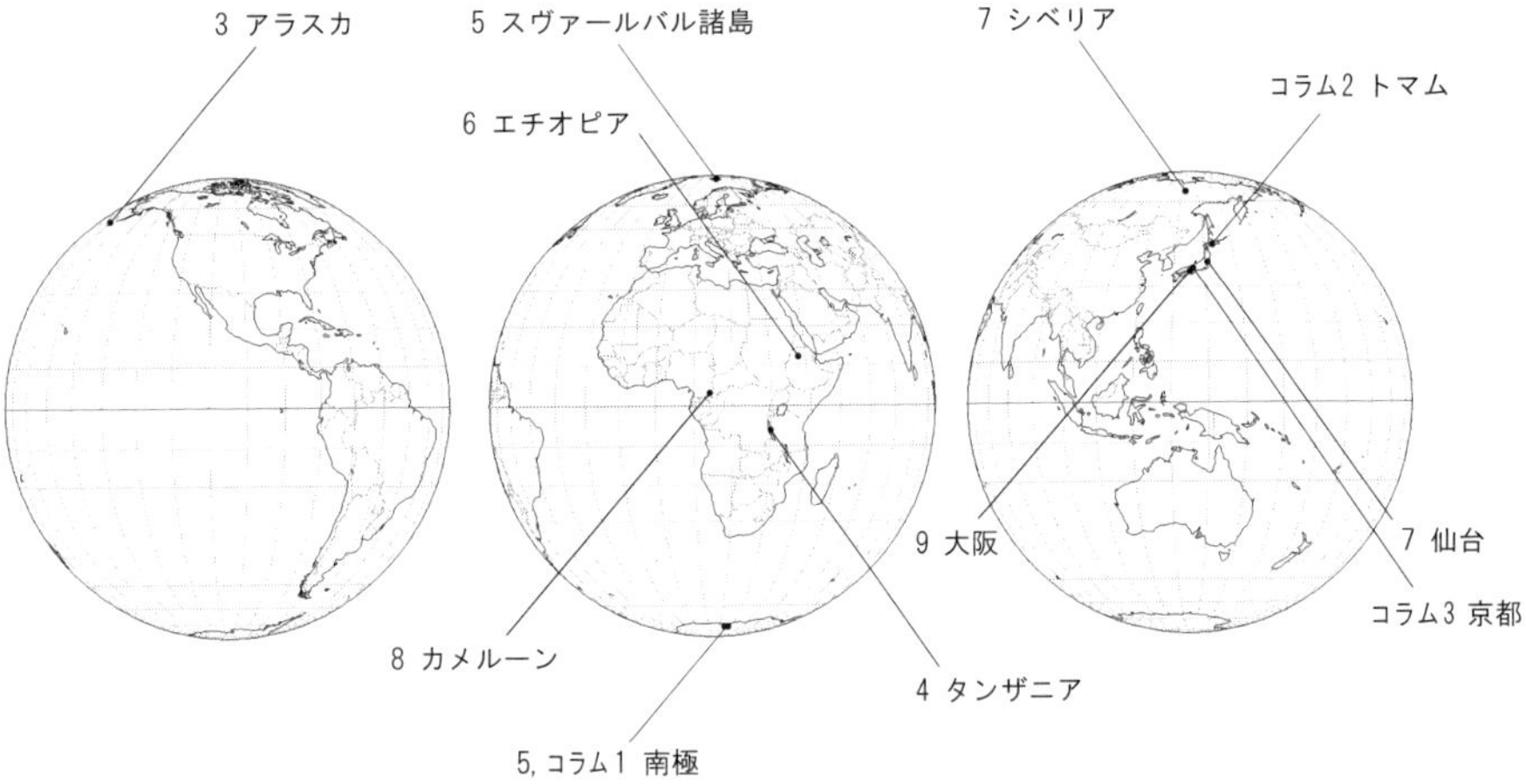

Million Fieldworkers' Series vol. 15

Visual practice in fieldwork

Edited by Daisuke BUNDO, Itsushi KAWASE and Seiji MURAO

Kokon-Shoin Publisher, Tokyo, 2014

FENICS

100万人のフィールドワーカーシリーズ 創刊にあたって

フィールドワークは、世界中に自らおもむき世界を探究する方法である。現在日本にはさまざまな分野でフィールドワークを行うフィールドワーカーたちがいる。彼らは世界中で得難い経験を積み重ねてきた。だが、その経験は残念ながらあらゆる分野や学界・産業界の壁を越えて広く伝わっているとは言い難い。

このシリーズを企画したのは研究者フィールドワーカーたちが立ち上げたグループFENICS(Fieldworker's Experimental Network for Interdisciplinary CommunicationS：NPO法人として申請中) である。フィールドワークに興味がある人、これからフィールドワークをしたいと思っている人、ほかの分野のフィールドワークの知識や技術を学びたい人、フィールドワーカー同士で役立つ情報を交換したい人すべてに、私たちの経験を届けたい。そんな思いをもつ私たちの活動に賛同してくださった古今書院の関秀明さんのバックアップにより、15巻に及ぶ、あらゆる分野を横断するフィールドワーカーシリーズが発刊される運びとなった。

私たちFENICSは、フィールドワークの方法や視点、思考を互いに学び議論しあい、また地域に特有な情報、経験知などを交換したい、と活動し始めた。立ち上げにかかわったのは自然地理学、雪氷学、社会−文化人類学、人類生態学、民族植物学、地域研究といった、まさに分野を横断するフィールドワーカーたちだ。人が人をつなぐことで出会った私たちは、それぞれのフィールド話、研究活動の話に湧き、ネットでは得られない情報を、そして生きるエネルギーをお互いもらってきた。この知的興奮を、研究者の世界だけに閉じず、もっと多くのフィールドワーカー、さらに外の世界に関心のある産業界をはじめ幅広い方々に伝えたい。そしてFENICSの輪に入ってもらい、ともに経験したい。そうすればフィールドワーカーの計り知れない豊かな経験知があらゆる分野、業界につながり新たなもの／モノを作り出せるのではないか——。そんな希望を、私たちは持っている。

本シリーズは、まさにそのはじまりである。フィールドワーカーになりたいあなた、他分野から異なる発想を得たいあなたも、ぜひFENICSのムーヴメントに参加しませんか(くわしくは巻末の奥付をごらんください)。

FENICS代表　椎野若菜

PartⅢ 応用編―映像によるかかわりの創出

PartⅣ 座談会

イントロダクション　フィールド映像術

分藤大翼・川瀬　慈・村尾静二

フィールドと映像の現在

　本書のテーマは、さまざまなフィールドにおける映像の活用法を紹介することを通じて、新たに拓かれつつあるフィールドワークの可能性と課題を提示し、共有することである。本書における映像とは、写真（静止画）およびフィルムやビデオ（動画）のことを指す。

　今日、映像機器を持たずに調査に出かけるフィールドワーカーはどれくらいいるのだろうか。映像機器を用いないことによって挙げられる成果というものがあれば、それはどのようなものなのか。フィールドワークと映像をめぐる貴重な論点は、むしろそこにあるようにすら思える。それほど、フィールドワークにおける映像の活用は普及している。活用とは、論文を執筆するデータとして映像を使っているという意味だけではなく、研究成果を挙げるうえで映像を役立てているという意味を含む。たとえば、フィールドワーカーが論文を書く際に、フィールドのことを想起しないということはないだろうし、そのイメージが、フィールドで撮影した映像の影響を受けていないということも、まずないだろう。また、学会発表や大学の講義、一般向けの講演において、映像を用いずに研究成果を紹介するということもないだろう。そもそもフィールドワークとは、フィールドにおける出来事を記録することであり、そのうえで映像は有用な手段である。実際に、研究用ではない、人に見せるためではない、などと言いながら、多くの研究者がフィールドで撮影し、その映像を活用している。フィールドワーカーの間で、映像がかつてないほどに普及している現在、調査・研究と映像とのかかわりについて認識を深め、積極的に考える必要性が高まっていると言えるのではないだろうか。本書の一つの目的は、そのような現状の認識と問題意識を喚起することである。

歴史を振り返れば、学術と映像は切っても切れない間柄であることがわかる。写真は19世紀後半の、測定し識別するという科学的な見方と結びついていたし、映画はその前史において、肉眼ではとらえることのできない人間や動物の行動を記録し、解明したいという学術的な動機をもっていた。また映画は誕生とともに、さまざまな生活文化や自然現象を記録し、上映を通じて多くの人びとが知識や経験を共有するメディアとして活用されてきた。人類学においては、映画誕生の3年後（1898年）から、フィールドワークに映画用のカメラが採用されている。以来、1920年代、1960年代に実現した映像機器の小型化によって、また1990年代の情報・通信のデジタル化などの技術革新によって、映像の活用は格段に容易になり、学術的な利用も飛躍的に増加して今日に至っている。とくに2000年代以降にあっては世界中の人びとが映像を制作し、インターネットなどを通じて日々刻々と配信・公開し、膨大な映像を視聴するようになっている。このような時代におけるフィールドワークや研究はどのようなものでありうるのか、またあるべきなのか。本書の執筆者は、自らのフィールドにおける経験を詳細に記述することによって、新たな時代における「フィールド映像術」の可能性と課題を提示している。

本書の構成

本書は、理論編、制作編、応用編という構成になっており、最後に映像術にかかわる情報を共有する目的で座談会を付している。

Part Ⅰの理論編には、映像についての歴史的、理論的な理解と、映像制作のプロセスについての構造的な理解が得られる論考が収録されている。第1章（箭内匡）では、私たちの思考において言葉とイメージが分かちがたい関係にあることを確認したうえで、映像を用いた研究が、言語的思考にとらわれがちな学問的実践をイメージ的思考にも開かれたものへと誘う必要性と可能性が考察される。映像によって与えられる知覚的な経験は、現実の直接的な経験に近いものである。また、「今・ここ」を写し取るカメラの特性によって、映像は撮影の直後から撮影者（研究者）本人にとってもよくわからない部分をはらむ。したがって、フィールドで撮影した映像を視聴することによって、研究者本人が新たな発見をすることも、また他の研究者が、さらには、研究対象となった人びとが何らかの発見をし、研究の主体となることもありうる。映像を媒介とした研究は、このような意外性によって、新しい科学・芸術ともなりうるものなのである。

映像が制作者の想定を越えるところに、さまざまな可能性を持っているということは、手放しに歓迎してよいことではない。両刃の剣であるという認識をもって慎重に取り組む必要性もある。第2章（村尾静二）では、学術映像の制作のプロセスが①制作準備、②フィールドワーク、③ポストプロダクションの3つの段階に分けて解説され、注意点が指摘される。本章を通じて、読者は制作の方法を具体的に知るとともに、撮る側と撮られる側の双方にとって望ましい制作のあり方についても学ぶことになるだろう。

Part IIの制作編では、博物館映像学、霊長類学、植物生理生態学、映像人類学の4つのフィールドにおける映像術が具体的に紹介される。まず第3章（藤田良治）では、北海道大学総合博物館で開催された企画展示のために、大学が所有する練習船と船員の活動を撮影した経験が克明に記述される。博物館は映像との親和性が高く、映像を主体的に活用する潜在力をもちながら、これまでは外部の会社に制作を委ねるなど、充分な活用を果たしてこなかった。そこで筆者は「博物館映像学」を提唱し、「学術映像標本」を収集・保存し、展示や教育、研究から広報まで幅広く映像を活用する方途を示す。

第4章（座馬耕一郎）では、チンパンジーを対象とした調査・研究における、ビデオを活用した分析の有効性が示される。まれにしか起こらない出来事も撮影さえできれば何度でも観察が可能になることや、多様な行動を映像によって記録すれば比較研究が可能になることなど、肉眼による観察だけでは困難な研究が紹介される。また、筆者は映像を観察することとあわせて、フィールドにおける直接観察の大切さについても指摘する。

第5章（田邊優貴子）では、長期にわたるインターバル撮影が可能なビデオ装置の開発と、装置を用いた水中調査の過程が詳述され、新発見をなしえた経験から、動画はダイナミックな動きがある水中世界の調査において、とくに威力を発揮するということが指摘される。また、筆者が研究の道に進んだきっかけが、幼少期にテレビで見た極地の光景にあったことなどを例に、映像によって自然科学の魅力を伝えることの有効性が語られる。

第6章（川瀬慈）では、音楽を生業とする人びとのもとで撮影を始めた筆者が、対象とする人びとに巻き込まれるなかで、外部から客観的に撮影するのではなく、内部において主観的に撮影する方法をとるに至った経緯が描かれる。さらには上映を通じてさまざまな議論に巻き込まれるなかで、多様な意見や感想に触れ、そのことによって研究対象の理解が深まってゆく可能性が示される。

制作編に収録されているコラム1（渡辺佑基）では、野生動物にカメラを付けることで明らかになる動物の生態が、コラム2（中村一樹）では、インターバル撮影によって解明される雲海発生のメカニズムが紹介される。また、コラム3（小林直明）では、プロの映画監督の言葉を通じて、魅力的な映像作品の作り方が紹介され、コラム4（伊藤悟）では、人類学的なフィールドワークに基づいて制作される「民族誌映画」のフェスティバルの様子が紹介される。

Part Ⅲの応用編では、フィールド映像術によって生み出されるさまざまなかかわりと、かかわりにともなう新たな研究の展開が紹介される。第7章（高倉浩樹）では、人類学者が研究成果を母国と調査地の市民に還元するうえで、フィールドで撮影した写真や動画を用いて「展示」を開催することの有効性が示される。筆者は自ら展示を企画・運営した経験から、インスタレーション（空間デザイン）による展示が、来場者の異文化理解を促進し、そこに生まれる交流によって研究が新たに展開する状況を報告する。

第8章（分藤大翼）では、1990年代から盛んになっている「参加型映像制作」が紹介される。デジタルビデオカメラの登場によって、世界各地のフィールドにおいて、撮られる側だった人びとが撮る側にまわるという事態が生じている。そして、問題を抱える地域や組織が、その解決に向けて共同して映像作品を制作するという試みが進んでいる。筆者は、調査地域の先住民組織を中心に、自らが実施している参加型の映像制作を事例に、応用性の高い人類学的研究の可能性と課題を検討する。

第9章（松本 篤）では、「8ミリフィルム」の収集・公開・保存・活用を行っているNPOのプロジェクトが紹介される。8ミリフィルムは、昭和30〜50年代にかけて一般家庭に普及し、近年では劣化・散逸の危機に直面しているメディアである。まず、上映を通じた収集と公開では、映像が見る者の記憶を喚起し、鑑賞者の間で過去の出来事が共有される状況が示される。そして、保存と活用においては、映像と人がイメージを流通させる媒介となり媒体となるようなアーカイブの構築が、今後の課題として提示される。

本書は、さまざまなフィールドにおいて、フィールドワークが映像術を育み、映像術がフィールドワークを育んでいる状況を明らかにしている。その可能性と課題を共有し、読者の方々が自らのフィールドにふさわしい映像術をあみだすヒントにしていただければ幸いである。またそのうえで、コラム5（森田剛光）とPart Ⅳの座談会が役に立つことを期待している。

Part I

理論編

―映像の学術的枠組み

映像の特徴とは何か、映像をどのようなものと理解して活用すれば、フィールドワークはより充実したものになるのであろうか。このような映像の理論的側面を前もって理解しておくことは、実際に映像を活用して研究を進めていくうえで大きな助けとなるであろう。そこでの考察の数々は、そのまま実践の場でも活かされるからである。

▼第1章（箭内）では、フィールド撮影の理論的・歴史的問題が取り上げられる。撮影者と現地の人びとのあいだに介在するカメラは何者であり、映像は両者にとってどのような意味をもつのであろうか。本書を読み進めるなかで、本章に何度も立ち戻る読者は少なくないであろう。▼第2章（村尾）では、自身の経験をもとに、映像制作を構造的にとらえ、各プロセスにおける作業内容や問題点についてまとめている。これから映像制作を試みようとする方は、その概要を知るうえでの手がかりとしていただきたい。

1 フィールドにおける映像の撮影

歴史的・理論的背景から

箭内 匡
YANAI Tadashi

カメラは不思議な機械だ。今さっき撮影した写真やビデオ映像を眺める時の、ちょっとわくわくするような気持ちは、いったいどこから来るのだろうか？

撮影という行為は、現実を写し取るだけのようでいて、意外に複雑である。第一に、カメラは撮影する私が撮るだけでなく、カメラが撮るものでもあるから（望遠や広角など、カメラ特有の機能を利用して撮影した場合にはなおさらである）、与えられた撮影条件のもとで正確にカメラが何を撮ったのか、わからない部分がある。第二に、人間がカメラを手に持って撮影する限り、撮影は被写体とのフィードバック的な関係のなかで行われるし、被写体が人間であれば、撮影者がその場で被写体と営んでいる関係も映像に反映される。だから、撮影の瞬間に正確に何が起こったのか、わからない部分がある。第三に、そうやってカメラが定着した現実のイメージは、たとえ数秒前のことであっても、すでに消え去った過去に属するものである。あのときはどんな風だったんだろう？　撮影された映像と私のあいだにある、こうした一連の目に見えない距離が、どんな映像をも私にとってどこか意外で、面白いものにするのである。

フィールドでの具体的なカメラの活用について学ぼう、と本書を手にした読者にとって、こうした考察は興味を惹くものではないかもしれない。「理屈はともかく…」と道を急がれる読者には、より関心のある章を先に読んでいただいてもかまわない。しかし、フィールド研究のなかで映像を継続的に扱っていくならば、いま述べたような基本的なことが結局はじわじわと効いてくる。だから、それについて考察を深めておくことは、実際にカメラを手にしてフィールドに立つときにも必ず役立つだろう。そのような意味をこめて、この章では、フィールドにおける映像撮影について、歴史的および理論的な観点から考えてみたい。

フィールドにおける映像の撮影

フィールドに調査に行く人で、カメラを持って行かない人はいない。これは昔も今も同じである。現代人類学のフィールド調査の原点の一つであるケンブリッジ大学トーレス海峡探検隊（1898）では、写真機と並んで、発明されて間もない映画用カメラがすでに活用されている。1910年代にはブロニスワフ・マリノフスキが、「現地語を自身で学び、村のなかで長い時間を過ごしつつ、物事が自然に生起する様子を追ってゆく」という新しい方法論にもとづいたフィールドワークをトロブリアンド諸島で敢行したが、それと並行して、彼は多大な時間・労力・費用を注ぎこんだ継続的な写真撮影も行っている。1930年代には、ライカの小型カメラが写真界に引き起こした革命に敏感に反応するかのように、グレゴリー・ベイトソンとクロード・レヴィ＝ストロースという傑出した二人の人類学者が、この小型カメラを手に、それぞれのフィールドで、今日見ても非常に印象的な写真を数多く撮った。1940年代には、後でも触れるジャン・ルーシュが現れ、フィールドでの映画撮影を自らの研究上の実践の核心部分に組み入れて次々と新しい地平を切り開いていった。ルーシュの民族誌映画作品は、民族学・人類学の領域を超えて、映画界に大きな影響を及ぼすことになる。

ところで、こうやって人類学における映像撮影の代表的な事例の一部を想起してみると、フィールドでの映像撮影には、その動機に二つの極がずっと存在してきたことに気がつく。第一の動機は、外部から来た観察者としての映像資料の組織的制作であり、それは博物学の時代の描画や写真撮影に端を発し、今日まで連綿と続いてきたものである。1898年のトーレス海峡探検隊における映像の使用はその好例だろう。しかし、1910年代のマリノフスキによるフィールド写真には、第一の動機と並んで別の動機が垣間見えている。それは、フィールドの現場の「今・ここ」をなんとか再現可能な形で記録しておきたいという願望である。この動機はベイトソンやレヴィ＝ストロースのフィールド写真でさらに明確化し（彼らがライカという「今・ここ」を撮影するのに絶好のカメラを用いたこととはそれと直接かかわっている）、ルーシュの民族誌映画の撮影では完全に前面に出てくることになる。第一の動機のもとでの映像撮影では、撮影の目的も対象も明瞭であるが、この第二の動機のもとでの撮影となると、状況は同じではない。そこでは、「撮影者／撮影対象」の固定的な二者関係が、「撮影者－カメラ－現地の人びと」の可動的な三者関係とでもいうべきものに変容していくのであり、目的も対象もどこか不確定的になってゆくのだ。

これら二つの動機はその両方が重要であり、あらゆる撮影は、二つの極の間のどこかに位置づけられるといってよいだろう。研究者が研究者としてフィールドに赴く以上、第一の動機が消えることはない。他方、もし研究者がフィールドの現実に身を浸し、人びとがその現場を生きるプロセスを肌で感じて、ある意味で人びとの主観を内側から共有しはじめるなら、第二の動機が不可避的に顔を出してくる。この「撮影者－カメラ－現地の人びと」の可動的な三者関係というのは、しばしば思いがけずに調査の現場で飛び出してくるものである。映像は誰にとっても親しみやすいメディアだから、映像撮影という行為は、研究者がフィールドで行うさまざまな記録行為のなかでも、現地の人びとにとってとくにわかりやすい。それゆえ、フィールド調査が現地の人びととのかなり水平的な関係のなかで行われる場合には、研究者が撮影している横で、現地の人びとからのさまざまなフィードバックが自然に生じてくる可能性が高いのである。研究者はいつのまにか、自分が撮った写真やビデオを彼らと一緒に眺めており、そして、その映像についての彼らのコメントがそれ自体、貴重な調査データであることに気づいてゆく（写真やビデオを提示して人びとの反応を誘発する調査技法は photo elicitation、video elicitaiton などとよばれるが、多くの研究者はこれを知らず知らず実践するのである）。さらに、被写体となるのが現地の人びと自身であれば、映像への興味はなお高まり、研究者はしばしば、現地の人びとが「あれを撮ってくれ」、「これを撮ったらどうか」と求めるのに従って撮影を行うことになる。(1) そしてずっと後に、彼らを納得させるために撮影しただけのそういう映像が、意外に重要な内容を含んでいることに気づいたりもするのである。

こうして、カメラを現地の人びととある部分「共有」しつつ行われるフィールドでの映像撮影は、もちろん、現地の人びとが主体的に参加すればするほど、研究者にとってコントロール不能の、不確定の要素を迎え入れるだろう。それは確かに、研究の目的にとって無駄な撮影を生む可能性も含んでいるが、しかし長い目でみれば、意外なプラス面も含んでいる。研究者にとって想定外の形で生まれたそうした映像は、まさに想定外の映像であるからこそ、後に研究者が自分の研究の枠組み自体を組み直す必要に迫られたとき、大事な手がかりになりうるのだ。他方、そのようなフィールドでの「カメラの共有」から生まれた映像が、現地の人びと自身にとって持つ意味も、必ずしも小さくないだろう。彼らの主体的参加のなかで映像をつくることは、研究者の研究活動のなかに現地の人びととの知的な探求を混ぜ合わせることでもある。だからそうした映像は、翻って、彼ら自身が自らの生きる現実について反省的考察を行うための貴重な素材になりうるのである。
これらの諸点をさらに議論するため、次に「イメージによって思考すること」について理解を深めてみたい。

イメージによって思考すること

映像を見ながら考える、イメージを通してものを考える、ということはいったいどんなことだろうか？　私たちは、文章を読み書きしながら思考するのが、考えるための唯一の確実な方法だとふつう考える。学校で文字を習い、ほとんど常に文字を参照しながら学校教育を受け、そして、確実といえるようなあらゆる情報——法律からさまざまな種類のルールまで、紙幣から銀行通帳まで、学術書から生活家電の説明書まで——が文字に書かれているという、私たちの社会の状況を考えれば、これは無理もないことである。しかし、人類の長い歴史を省みれば、非常に多くの人びとが文字をまったく用いずに社会生活を送ってきたのであり、そうした社会——そこでは文書ではなくて口頭伝承の類が根本的な役割を果たすことになるが——では、人びとは頭のなかでさまざまなイメージを記憶し、それをもとにして考えをめぐらすことが一般的な思考の形態であった。彼らは、エリック・A・ハヴロックの的確な表現を用いるならば、image-thinkers（イメージによって考える人びと）だったのである。(2)

こうした状況をきわめて明瞭に示した事例の一つは、1966年に映像人類学者のソル・ワースたちが行ったナバホ映画のプロジェクトだろう。先住民が自らの世界を把握する仕方を、映像的手段を用いてダイレクトに表出させてみたい、と考えたワースたちは、ナバホの人びとにカメラと編集機の使い方のみを教えて自由に映画をつくらせる、という実験を行った。すると、驚いたことに、それまではとんど映画に触れたことのなかったナバホたちが、映画制作を「ナバホのやり方に似ている」といって歓迎し、カメラをかなり巧みに操りつつ、いそいそと映画制作に取り組んでいったのだった。それだけではなかった。編集の局面では、ナバホたちは、撮影したショットの一つ一つを細部に至るまで記憶していて、映画制作のプロなみの迅速さで編集作業を進めていったのだ（参加者の一人は、二台の編集機を同時に使い、二本の映画を同時に編集さえした）。普段からイメージを記憶し、イメージによって思考してゆく習慣――それが彼らの口頭伝承の語りと無関係でないことは彼らの映画作品からもうかがえる――をもっていた彼らにとって、映画を用いたイメージ的思考は、まさに「ナバホのやり方に似ている」ものだったのである。

ティモシー・アッシュがインドネシアのバリ島で撮った民族誌映画『バリの交霊式』（1979）も、同様の意味で興味深い。この映画の前半では、女性のシャーマンが憑依状態に入り、村人たちと対話しながら彼らの質問に答えてゆく様子が示されるのだが、その際村人たちは、ごく当然のようにテープレコーダーをセットしてシャーマンの言葉を録音している。そして映画の後半では、憑依霊が去った後、シャーマンが村人たちと一緒にテープ録音を聴き、リラックスした雰囲気のなかで、村人たちの質問に答える場面が示される。この映画が明らかな形で示すのは、バリの治療儀礼においても、文字を用いない思考のプロセスが、近代的な視聴覚メディアときわめて親和的なものととらえられていることである。この村人たちは、尋ねられたなら、テープ録音は「バリ人のやり方に似ている」と答えたに違いない。

このように、思考というものを文字言語に依拠した思考に限定せず、イメージによる思考――直接的な知覚像による思考も、口頭伝承の言葉が引き起こすイメージによる思考も、さらには映像を媒介とするイメージ的思考も含めた意味で――に拡大して考えるなら、フィールドにおける映像撮影が、かなりスケールの大きな問題とかかわっていることが見えてくる。映像がどこに行っても人びとの関心をよぶのは、映像が面白いからだけではない。映像が、反省的考察のための重要な補助手段となりうるものであることを、誰もが即座に気づくからである。なかでも文字言語による反省的考察に慣れていない人びとは、それをとりわけ鋭敏な形で自覚するのである。

　文字的思考に慣れきった私たちも、イメージ的思考の能力をまったく失っているわけではない。小さな子どものころには私たちも文字なしに言葉を覚え、イメージを支えにして考えていたわけだし、毎日、夜になれば夢のなかの密かな生——朝になれば忘れてしまうのが大半であるにせよ——が始まる。映像に心惹かれたり、音楽を聴く楽しみを感じたりするのは、とりも直さず、イメージ的思考が私たちのなかでも根強く息づいているからである。ここで大事なのは、イメージ的思考を、言語的思考、文字的思考と切り離されたものと考えるのではなく、思考の多層的なあり方を承認することである。私たちが発話を行うとき、また文章を書くとき、イメージが頭に浮かんできてそれを言葉に翻訳したり、逆に、先に言葉が出てきてそれがイメージを呼び起こしたりする。言葉、そしてとりわけ文字は、それ自体の抽象的な論理や脱イメージ的な論理への道を開き、それによって独自の広がりをもつことができるが、そうした抽象的・脱イメージ的な論理も、イメージ的次元との間を往復してこそ意味をもちうるはずなのだ(3)。

　この点は、学問的実践のなかに映像を持ち込むうえでも重要である。学問的実践のなかで使われる文字言語でも、そのイメージ性がきわめて重要であることは誰もが知っているし（でなければ言葉のニュアンスを気にしたり、全体の構成に悩んだりする必要があるだろうか）、反対に、私たちが映像を見るという経験の随所には、イメージ的思考の横で、言語的思考が働いている。その意味では、映像を用いた研究の本来の賭けとは、言語から映像へ関心をシフトさせることではなく、映像を媒介として学問的実践を思考の多層的なあり方に向かって解放することにあるといえるだろう。

さて、このような準備をしたうえで、以下では、先述したフィールドでの映像撮影の二つの動機が、実際にどのように働くのかについて、考察を深めてみたい。

研究資料としての映像

研究資料としての映像撮影を行うための条件は近年、加速度的に変化してきた。映像制作の媒体がフィルムからビデオへ、そしてデジタルメディアへ移行してゆくなか、映像は費用面でも技術面でも手軽な研究手段になったばかりか、カメラの超小型化、ＧＰＳ情報の活用、さらには３６０度カメラなど、さまざまな技術革新により、過去には想像もできなかった記録方法も可能になってきた。映像は今や、コンピュータと同様に、利用すべき時に、誰もが（そのための社会的条件さえ整っていれば）利用すべきものである。研究者は、自分の学問分野や研究分野の必要に従って、映像の特性が何であり、どんな場合に映像を利用すべきなのかを知ることが求められるわけである。

研究資料としての映像は、基本的には、科学人類学における視覚化・画像化の問題と関連づけて論じることができるだろう。ブルーノ・ラトゥールは、一般に、科学的実践において現れる事物を「不変で結合可能な可動物」という言葉によって特徴づけた。たとえば科学的データについていえば、一度獲得されたデータは不変であり、持ち運ぶことができ、そして他のデータと組み合わせることができるという特性をもっている（これに対し、フィールドや実験室自体は持ち運ぶことも、不変な状態で保つこともできない）。視覚化ないし画像化とよばれるプロセス——グラフ・表・挿絵・コンピュータ画像の作成や、写真や映画・ビデオ映像の撮影など——は、それ自体は持ち運びできない対象から、研究上有益な一断片を切り出し、それを「不変で結合可能な可動物」に変えるための格好の手段といえるだろう。図像や映像はまた、科学的活動の内外——研究発表、論文、一般向けの書物や講演など——で効果的に用いることで人びとを説得し、「同盟者」を増やしていくためにも重要な手段となる。

では、そうした視覚化のさまざまな形態のなかで、写真やビデオ映像がもつ特徴とは何か。それはおそらく、映像というものが人間の知覚と不可分に関係している点にあるだろう。化学の実験室で観測機器が生成するデータのグラフや、病院の産婦人科での胎児の超音波画像は、現実を（多かれ少なかれ）高い抽象度のもとでデータとして切り出し、高度な専門的知識とダイレクトに組み合わされてゆく。それらの図像は理論を直接裏づけたり、診断を直接根拠づけるのに適したものである。それに比べれば、写真やビデオ映像は具体性が強く、ある意味で過剰な情報を含んでいるともいえるが、だからこそ、人間が現実を知覚する経験に近いレベルで、何かを発見させたり、また、強い説得力を発揮したりすることができる。フィールドの人びとを対象にした映像であれば、映像は必然的に、そうした撮影現場の生きた状況——その現場における撮影者の位置——をも密かに内包するものになる。グラフや超音波画像の意味が基本的には一義的で、科学者の知性に訴えるものであるとすれば、フィールドの映像は、繰り返し見てさまざまな角度から読み直すことができる多義的なものであり、同時に、受け手の直感に訴えかける身体的性格を強くもったものである。

グレゴリー・ベイトソンとマーガレット・ミードによるバリ島の研究は、１９３０年代のものだが、こうした映像資料の特性を考えるうえで非常に示唆的である。ライカの写真機と16ミリの映画用カメラを駆使したこの調査は、ベイトソンがカメラで撮影し、ミードが詳細なメモを取るという形で進められ（撮影された写真は2万5千枚、フィルムは2万2千フィートに上った）、成果の主要部分は二人の共著『バリ島人の性格——写真による分析』に収められている。見開きページの一方が組写真、他方がキャプションによって埋められるという独特の構成のこの本を読んでゆくと、カメラを手にしたベイトソンが、バリの人びとの身体の表面の扱い、身体の各部分の動かし方、身体・情動レベルでの相互的なかかわり方、さらに、痼癪を起こしたり憑依状態に入ったりする様子といった、肉眼では緻密にとらえるのが困難な対象に、レンズの視覚力を生かしてアプローチしていく様子がわかってくるし、キャプションを注意深く読めば、二人の著者がそうした映像を繊細な感性によって解読しながら、フィールド経験における理解を、新たな次元の考察に向かって深化させようしている様子が感じられてくる。人びとの行動の相互作用をとらえつつ、同時にクローズアップ的な手触りを伝えるベイトソン独特の写真は、それを繰り返し眺める彼自身をバリの人びとの情動によって感染させ、おそらく彼を新たな思考様式――まさに彼が『精神の生態学』の「定常状態」の概念で表現しているような――へと導いていったのである。ベイトソンのこの仕事――ミードの姿勢は少し異なるが――が特異なのは、科学的な手続きとしての写真撮影をこれ以上ないほど徹底的な形で行いながら、まさにそのただなかで、映像のもつ人間の経験に近い側面、その多義性・身体性を緻密に探求していることである。この姿勢のゆえに彼は、じつは、「撮影者／撮影対象」の二者関係の極から「撮影者 - カメラ - 現地の人びと」の可動的な三者関係の極へと向かっているとも言いうるし、またその研究成果は、『バリ島人の性格』という、（時代を数十年も先取りしつつ）学問的実践を思考の多層的なあり方に向かって開く書物に結晶化したのである。

新しい科学・芸術の可能性

以上のように、ベイトソンのバリ島における映像は、資料映像の作成とその分析という科学的手続きを基盤とし、しかし同時にひそかにその彼方に向かっていった卓越した事例と考えうるが、それと共に、「撮影者 - カメラ - 現地の人びと」の可動的な三者関係に正面から立ち向かって映像制作を行った、ジャン・ルーシュの仕事に触れておきたい。

ルーシュは、パリ大学で博士号を取った民族学者であり、また1950年代末以降、世界の映画界に影響を与えた著名な映画作家でもあった。彼が映画作家としての名声にもかかわらず、生涯ニジェールやマリのフィールドとの深い繋がりを保持しつづけ、創作的な映画制作と並行する形で、ソンガイやドゴンの民族誌的な記録映画をも撮り続けたことは重要である。ルーシュにとって、民族誌映画と創作映画は対立するものではなかった。ルーシュは、記録映画と創作映画の多くの作品を、ニジェールとその周辺で撮ったが、その両方のジャンルの映画制作において、旧友ダムレ・ジカをはじめとするニジェール人の常連スタッフが全面的に参与している。ルーシュの場合、「撮影者 - カメラ - 現地の人びと」の可動的な三者関係は、このニジェール人の仲間たち——彼ら自身も頻繁にルーシュ作品に登場している——を媒介にして波状に広がり、そのなかでさまざまな映画が撮影されていったのである。同時にルーシュは、そうした関係のなかでフィードバックされてくるものにも最初から敏感だった。だから、彼の映画のなかでは、撮影対象の人びとはいつも、多かれ少なかれ、客体であると同時に、撮影自体に影響を与えてゆく主体としての側面をもっていたといえる[4]。

こうしたことは、ルーシュが民族誌映画の制作をめぐって提起した「シネ - トランス」という、いくぶん奇妙な概念によっても表現されている。凝縮した形でいうなら、ルーシュがこの言葉で表したのは、（1）民族誌映画を撮影するとき、撮影者の視覚と聴覚がカメラのそれに同一化し、撮影者はカメラによって操られるように（あたかもカメラが憑依したかのように）動き始めること、（2）撮影者も被撮影者も、カメラの存在によって活気づけられ、（あたかも憑依儀礼のような）独特の高揚感のなかで、普段は行わないようなことも達成してしまうこと、の両方であると思われる。「カメラによって操られる」といっても、カメラ自体は、撮影対象との相互作用のなかで機能するわけだから、ここでルーシュが問題にしているのはまさに、撮影の「今・ここ」において生じうる、「撮影者－カメラ－現地の人びと」の濃密で、可動的な三者関係なのである。

こうした撮影の「今・ここ」の経験が問題とされること自体は、それほど珍しいことではない。重要なのはむしろ、「シネ‐トランス」の概念が切り開く認識論的な地平であると思われる。「シネ‐トランス」が生起するとき、撮影者は、カメラを媒介として、撮影対象の人びとや事物に自分自身を同調させ、その関係のなかに自らを委ねてしまう。通常の学問的手続きが、調査者が自らの理論的枠組を外から持ち込み、それによって調査対象の人びとの現実を分析する、というものであるとすれば、ルーシュが提案したのは、カメラを媒介にして、撮影対象の人びと自身を認識論的主体として学問的実践のなかに迎え入れてゆくことであった。「シネ‐トランス」とは、一言でいえば、研究者の知を、現地の人びとの知――それは概念的言語によって理論的に語られるのではなく、言葉や身体的動作のイメージを通じて実践的に現出する――と混ぜ合わせて、新しい科学を作り出してゆくための手続きだともいえるだろう。

たとえば、独立前のガーナ（当時の黄金海岸）の首都アクラで、内陸部からの移民たちが密かに行っていた憑依儀礼を扱った著名な作品、『狂気の主人公たち』（1954）を見てみよう。映画では、燃え盛る松明を身体に押しつけたり、犬の肉を生で食べたりという、きわめて暴力的なシーンが次々と映し出されるが、ルーシュは映像編集を通じて、そうした暴力性が、植民地時代のアフリカにおいて彼らが放り込まれた政治経済的状況自体の暴力性の写し絵でもあること、さらにこの儀礼が、まさにその暴力的な諸表現を通じ、ある神秘的な形で、そうした暴力性のただなかで生きる人びとに治療的な効果を与えていることを示唆してゆく。この作品はだから、彼らが自発的に作り出した、医療的な知の表現でもあるのである。

別の著名な作品、『僕は黒人』（1958）でルーシュが行ったのは、移民たちの日常生活の経験を彼ら自身の生に即してとらえるために、アビジャン——コートジボワールはまだ独立前だった——に移民してきた若者たちに、彼ら自身を即興的に演じさせることだった。音声編集の段階ではさらに、「主役」を演じたウマルー・ガンダが、映像を見ながら即興的なナレーションを吹き込むことになる。そうやって生まれたガンダたちの演技や語り——彼らの身体的な表現知の現れ——は、彼らの日常を濃密に反映し、この作品を稀に見る力強さと分厚さをもった映画作品にしたのであった。そして『僕は黒人』は、フランソワ・トリュフォーやジャン＝リュック・ゴダールら、ヌーヴェル・ヴァーグの映画監督たちに強烈な影響を与え、彼らの映画運動の——ある意味では、それを通じて、1960年代以降のさまざまな革新的な映画運動の——重要な原動力となったのである。

フィルム時代からまなぶこと

この章では、フィールドでの映像撮影について最も根本的と思われる諸点を、映像をめぐる人類学の歴史的な事例をとりあげつつ論じてみた。今日の世界がここまでデジタル映像で溢れているのに、ベイトソンやルーシュ、ナバホ映画など、ここではすべてフィルム時代の、昔の事例を取り上げたことには、じつは下心がある。フィルム時代の映画撮影では、概して撮影時間も短く、カメラも重く、そして何よりも高いコストがかかった。フィルム時代にフィールドでの映像制作に取り組んだパイオニアたちにとっては、見習うことができるような先達もほとんどおらず、助けになるマニュアルもほとんどなかった。しかし、だからこそ彼らは、そうした撮影条件の限界のなかで、思考を最大限に凝らし、現場の状況を最大限の敏感さで受け止めつつ、大きな創意をもって果敢に撮影に臨んだのである。今日、映像媒体のデジタル化によって、フィールドにおけるビデオ映像の撮影が容易になったことは、それ自体としてはもちろん歓迎すべきことだが、他方でそれが、無反省的にカメラを回すというデメリットも生みがちであることは否定できない。現代の状況のもとで、フィルム時代のパイオニアたちと同じくらいの緊迫感と創意とをもって、新たなステップを踏み出そうと試みること――フィルム時代の企てを想起することは、そのために意義のあることだと思う。

まとめよう。フィールドでの映像制作には、資料映像の制作に焦点をあてるという極と、撮影の「今・ここ」に焦点をあてるという極があり、そして後者の極を媒介として、現地の人びと自身が撮影過程で主体的な役割を演じる可能性が生まれる。映像が可能にするイメージによる思考は、文字言語による表現に慣れていない人びとをも容易に撮影者の企てのなかに誘い込むことができ、それはまた、学問的実践を、一方で思考の多層的なあり方に向かって開くとともに（これは『バリ島人の性格』が先駆的な形で成し遂げたことであった）、学問的実践のなかに、現地の人びとの独自の知や表現を混ぜ合わせた新しい科学・芸術への可能性を開くことになる。少なくともこれが、フィルム時代の偉大なフィールド研究者たちが示してきたことであった。

それでは、現代においてはどうか。実際のところ、デジタル化による映像制作の広範な普及は、研究者のみならず、フィールドの人びとをもすでに覆っている。フィールドの人びとの頭のなかそのものが、（ナマの、あるいはシミュレートされた）映像によってかなりの部分、占められつつあるわけだ。他方、映像撮影の極端な安価化により、３６０度カメラで24時間撮影するということ――視界内の世界のすべてを映像化し、そこから一種のデータマイニングを行うこと――も可能になってきた。世界全体が映像によってコピーされ、私たちはどこか、オリジナルを目の前にしていても、オリジナルとコピーの区別がつかないような状況のなかに置かれている。そのような世界において、どのように映像によるフィールド研究を効果的に行いうるだろうか。映像はそこで、どのようにして、新しい科学・芸術への道を開き続けうるのだろうか。

　これはじつは、今日のフィールド研究者が立ち向かうべき――ベイトソンやルーシュのようなパイオニアたちがかつて直面した困難と同じくらいに大きな――新しい困難なのではないかと思う。そうした問いを、これからフィールドに向かおうとする勇敢な読者たちに投げかけてみたい。

注

（1）学問的研究ではないにせよ、フィールドでの映画撮影として最初に言及されるべきなのはロバート・フラハティの映画『極北のナヌーク』（1922）であるが、彼の場合、まさにこのようなプロセスを意識的に誘発してそれを映画制作のなかに取り入れていった。後にルーシュもこのフラハティの企てに大きな影響を受けることになる。

（2）古典学者ハヴロックは、名著『プラトン序説』において、未だ文字が普及していなかった頃の、（ホメーロスによって結晶化させられるところの）叙事詩の語りの伝統のなかで生きていた人びとを、image-thinkers と形容したが（ハヴロック 1997）、この表現は文字文化に習熟していない人びとに広く適用しうると考えられる。ところで、口頭伝承は言葉の伝承であるのに、なぜそこでイメージが強調されるのだろうか。この点について重要なのは、無文字社会における口頭伝承は、基本的には、物語を言葉として文字通り丸暗記するのではなく（実際、同じ伝承でも毎回違った言葉で語られる）、むしろ出来事のイメージの連なりとして記憶されたストーリーを次々と言葉に翻訳してゆくことによって語られる、ということである。無文字社会におけるイメージの重要性に関する具体的な研究としては、箭内（2000）も参照。

（3）こういった諸点を掘り下げるための出発点は、『思考と言語』を始めとするヴィゴツキーの諸著作であろう（ヴィゴツキー 2001）。

（４）ジャン・ルーシュについては、村尾・箭内・久保編（２０１４）のなかで詳しく論じた。ここでの私の議論は同書とも深くかかわっており、関心をもった方はぜひ参照していただきたい。

参考文献

ヴィゴツキー・L. S.（２００１）『思考と言語』新訳版（柴田義松訳）新読書社．

ハヴロック・E. A.（１９９７）『プラトン序説』（村岡晋一訳）新書館．

ベイトソン・G.、M.ミード（２００１）『バリ島人の性格──写真による分析』（外山昇訳）国文社．

ベイトソン・G.（２０００）『精神の生態学』改訂第2版（佐藤良明訳）新思索社．

村尾静二・箭内匡・久保正敏編（２０１４）『映像人類学《シネ・アンスロポロジー》──人類学の新たな実践へ』せりか書房．

ルーシュ・J.（１９７９）カメラと人間、P.・ホッキングズ・牛山純一編『映像人類学』日本映像記録センター、所収．

ラトゥール・B.（１９９９）『科学が作られているとき──人類学的考察』（川崎 勝・高田紀代志訳）産業図書．

箭内匡（２０００）マプーチェ社会における口頭性、「国立民族学博物館研究報告」25巻2号．

Worth, S. and J. Adair (1972) *Through Navajo Eyes: An Exploration in Film Communication and Anthropology*, Bloomington: Indiana University Press.

参考映像

フラハティ・R.『極北のナヌーク』（*Nanook of the North*, 1922）．

ルーシュ・J.『狂気の主人公たち』（*Les maîtres fous*, 1954）、『僕は黒人』（*Moi, un Noir*, 1958）．

アッシュ・T.『バリの交霊式』（*A Balinese Trance Seance*, 1979）．

2 学術映像の制作に向けて

文化科学・自然科学における映像制作の基本的問題

村尾 静二
MURAO Seiji

現在、映像を通して世界を知り、理解することは日常的になった。学術においても、文化科学と自然科学の両方において、研究および研究成果の公表、そしてアーカイブズ（研究成果の保存と活用）にいたるまで、映像は積極的に使われるようになった。そして、文化人類学においても、技や技術の記録のみならず、空間やサウンドスケープ、身体や暗黙知をはじめとして、これまで言葉でとらえることが難しいと思われてきた事象に分け入り、分析するためのツールとして映像が広く活用されるようになってきた。さらには、グローバリゼーションにより、これまでにない速度・規模で変容しようとしている人類の営みを記録・保存することは、文化人類学においてのみならず、人類史の観点からも重要な課題となっている。そして、そこでも映像はさまざまに活用されてきたし、今後の役割にも大きな期待が寄せられている。このように、映像は人間が世界を知り、人間そのものを理解するうえで重要な役割を果たしており、このような傾向は、今後ますます定着していくものと思われる。

以上の問題を背景として、本章では、学術において映像はどのように制作されるのか、映像制作の各プロセスにはどのような作業が含まれ、どのような点に注意して進めるべきなのか、私の経験をもとに考えてみたい。

学術と映像①

学術映像の制作について考察する前に、その前提として、学術と映像のかかわりあいについて振り返っておきたい。一般に、映像は写実性・再現性において優れているといわれる。映像がもつこのような特性は、映画の到来を準備した映画前史からすでに人びとの心をさまざまなかたちでとらえていた。19世紀前半にフランスで写真が発明されたとき、そこに絵画と同様の美的様式を期待した多くの人びとは、その圧倒的な記録・再現能力に驚きと戸惑いをおぼえたといわれる。カメラのレンズは、撮影する側・される側の意図を超え、撮影対象を隅々までとらえ、そこにはこれまで肉眼では知覚することができなかった現実の些細な断片までもが、紛れもない現実として写し込まれていたからである。

この新しいメディアはその後、19世紀後半には持続する時間軸のもとに「動き」を、そして、20世紀前半には「音声」を獲得する。このように、映像は視覚情報と聴覚情報を同時にとらえ、時間と空間を独自の様式で記録・再現・再構成するメディアとして形成されてきた。現在、映像の用途は多様化し、それに応じて映像のあり方もさまざまである。人びとの生活空間に広く浸透しているという点では、娯楽や報道を旨とするテレビ番組や映画作品は現代社会における映像の代表的なものといえよう。一方、専門性の高いものに、学術用途の映像がある。たとえば、近年、自然ドキュメンタリー作品が大きな脚光を浴びているが、生きものはそれ以前にも学術的関心から多く記録されてきた。見る者に注視の態度がもとめられるこの種の映像は、いまでこそ広い裾野をもつ映像文化の一部にすぎないが、映画前史に映画の技術を準備したさまざまな光学装置において代表的だったのがまさに学術的関心からとらえられた生きものの映像であったことは、学術と映像の関係を考察するにあたり、あらためて思いだされるべきであろう。

現在の映像の基礎となっている映画技術――フィルムに定着した像を映写機によってスクリーンに投影し、動きを再現し、それを複数の視聴者が同時に鑑賞することができる――は、1895年にフランスのリュミエール兄弟によるシネマトグラフにおいて完成する。しかし、その技術の基礎は、映画前史においてさまざまなかたちで試行錯誤され、準備されてきたものであった。それらの多くは人間や動物の動きを正確にとらえたいという自然科学、生理学にもとづく探究心により動機づけられており、そこに情熱を傾けたのは、写真家に加え、科学者や生理学者であった。

たとえば、イギリス系アメリカ人の写真家、エドワード・マイブリッジは人間や動物の歩行、跳躍や舞踏などの複雑な動きを連続写真により視覚化した。また、フランスの生理学者エティエンヌ＝ジュール・マレイは一枚の乾板の上に動きの諸段階を重ねて撮影するクロノフォトグラフを考案した。動きの軌跡を複数のコマに分化して記録するこれらの試みは、すでに映画と多くの共通点をもっていた[2]。そして、動きの分析において着実に精度を増すこれらの研究に感銘を受けた一部の研究者により人間の身振りの通文化研究が構想され、シネマトグラフが考案されると同時にその学術的使用が試みられている。

このように、映像とは、いまでこそ娯楽や報道に使われることが多くなっているが、もとをただすと、その初期から学術的な課題に応えるものとして活用されてきたわけである。以上、学術と映像のかかわりを確認したうえで、次に、学術に映像を活用するとき、具体的に映像をどのようにして制作していくことになるのか、そのプロセスについて検討する。

映像制作のプロセス

映像作品を制作するとき、どのようなプロセスを経て制作を進めることになるのか、あらかじめ構造的に理解しておくことは重要である。フィールドワークにビデオカメラを持ち込み、興味のある出来事を思いつくままに撮影したところで、それを映像作品にまとめることは難しい。また、撮影対象が人間の場合、撮影する側とされる側のあいだで撮影内容や完成作品の扱いについて合意を得ないまま撮影を始めると、うまく撮影は進まず、作品が完成したとしても、その扱いに関して両者のあいだでトラブルを生む可能性すらある。一方、各プロセスを理解し、それらをフィールドワークのなかに位置づけることができるなら、たとえ映像の初心者であっても、映像作品を完成することはできるだろう。

映像制作は、一般的に次の三つのプロセスから構成される。

①制作準備（preproduction）──映像制作の立案、予算の確保、撮影・編集機材の技術習得、撮影対象者との事前交渉、撮影許可の取得（撮影国、撮影対象による）

②フィールドワーク（production）──撮影地での撮影準備、取材、覚書を交わす、交渉と折衝による撮影

③ポストプロダクション（postproduction）──編集、撮影対象者へのフィードバック、研究成果の公表、アーカイブズ

以上は映画一般でもちいられている制作プロセスのモデルであり、学術用途で制作される映像も、

基本的にはこのプロセスに沿って制作されることになる。映像制作では、撮影と編集のみが注目されることが多いが、実際には「撮影」はフィールドワークの、「編集」はポストプロダクションのなかのひとつの作業にすぎず、その他の多くの作業によって映像制作は構成されている。どのプロセス、どの作業も等しく重要であり、そのひとつひとつに映像作品はささえられている。

また、文化人類学的関心から制作される作品は民族誌映画といわれるが、民族誌映画の制作は、そのプロセスにおいて、民族誌（エスノグラフィー）の執筆と多くの類似点をもつ。したがって、フィールドワークを実施し、調査データを分析し、その結果を民族誌にまとめていく経験や心得があるなら、どのようなプロセスを経て民族誌映画を制作していくのか、理解しやすいのではないかと思われる。

文化人類学の視点から自然科学を記録する(3)

文化人類学はこれまで世界各地の社会や民族を対象にして、社会構造、親族体系、法と政治、経済活動、宗教、伝統芸能、芸術、モノづくりの技術など、人びとの生活や知識のさまざまな側面を文化の視点から取り上げ、研究してきた。その多くは祖先より伝えられてきたものであり、それらが現代社会のなかでどのように伝えられ、あるいは変容していくのか、伝承の多様なあり方そのものも調査の対象となってきた。したがって、たとえば自然科学――なかでも近代以降に誕生し、一見するところ人びとの生活とは離れたところで特定の人びと（科学者）によって営まれる科学的な知識や技術――が、文化人類学の研究対象として取り上げられることはまれであった。

しかし近年、現代社会において科学の存在感がますます大きくなるなか、科学史の文脈においてのみならず、文化人類学においても、社会を理解するうえで科学と向き合い、社会における科学の意味を文化および人類史の視点からとらえることの重要性が唱えられるようになってきた。このような問題を背景として、２００９年春、国立極地研究所が東京の板橋から立川に移転するのを機に、板橋にある研究所をアーカイブズの視点から映像記録するプロジェクトに、私は、日本における映像人類学の先駆者である大森康宏とともに、制作者として参加することになった(4)。

もちろん、先述の通り、自然科学の分野でも映像は広く活用されており、なかでも生物、天文、宇宙、極域の諸分野には映像の扱いにたけた研究者が少なくない。しかし、今回の撮影が目的とするのは、研究対象の撮影ではなく、科学を生みだす研究の現場および研究者そのものの総合的な映像記録であった。そのため、社会やそこに生きる人間の総合的な映像記録において多くの蓄積をもつ映像人類学の研究者が制作にあたることになったわけである。

ところで、研究者、そして研究の現場の記録とは何か。一般に、研究者は研究成果を学術論文にまとめ、それが図書館などに組織的に保存されることによって、学術研究は参照可能なものとなる。一方、それらの成果が具体的にどのような人たちによって、どのような研究の現場で成し遂げられたものかについて記録されることはほとんどない。しかし、研究室や実験装置をはじめとして研究の現場は時代に応じて変化するものであり、それらを記録しない限り、各時代において研究の実情がどのようなものであったのかを知ることはできなくなる。したがって、研究成果としての学術論文だけではなく、どのような人たちがどのような研究の現場を構築することにより日々研究しているのかを記録して後世に残していくことは、学術史さらには人類史において大きな意味をもつ。また、科学の現場での撮影は、視点を変えると、特定の集団のなかで人類学的フィールドワークを行い、民族誌映画を制作するのと多くの共通点をもつ。私たちがこの映像制作にかかわることになったのは、このような理由による。

国立極地研究所の映像記録

国立極地研究所は1973年に設立されて以来、日本における極域研究（北極・南極）の拠点である。したがって、長きにわたり極域研究の現場として多くの研究者が集い、研究成果が生みだされてきた板橋の研究所を映像記録して後世に残すことは、日本そして世界の極域研究史において重要な意味をもつ。そこで、研究所の全面的な協力を得て、「ひと」と「もの」に焦点をあて、研究の「現場」を総合的にとらえる映像記録を実施した。所長、副所長、各研究グループのリーダー、研究者、研究所の職員等、約30名もの方々にご参加いただき、ビデオカメラの前でご自身の研究と研究環境について具体的にお話しいただいた。そして最終的に、記録映像にあまり編集を加えず資料的価値の高いアーカイブズ版（約6時間）とそれに編集を加えたダイジェスト版（35分）を制作した。

映像作品の権利に関しては、著作権については制作者が所有し、使用権については制作者と国立極地研究所の双方が所有する、そして、映像作品を二次使用および再編集する場合には、その都度おたがいに周知し、了解をとることにした（詳細は、参考資料の覚書を参照のこと）。

映像作品の制作プロセスに関する考察

では次に、国立極地研究所を対象に映像作品を制作した経験をもとにして、先述した映像制作のプロセス①~③に沿って、映像制作にはどのような作業が含まれるのか、そして、どのような問題に注意すべきなのか整理して述べる。撮影対象者は集団を前提としている。

（1）制作準備

制作準備は、映像制作において最も重要なプロセスである。映像制作は、完成作品について具体的なイメージを描き、撮影規模に応じた人材と予算を確保することから始まる。さまざまな場合を想定して細心の注意を払い計画を立てることが重要である。このプロセスを充分に検討せずに撮影を始めると、フィールドワークあるいはポストプロダクションの過程で予算不足になり映像制作は変更、延期、中止になる場合さえある。

また、倫理的な観点から、制作者は撮影を開始する前に、映像制作の意図および完成作品の扱い方について撮影対象者に説明し、両者のあいだで事前に合意を得ておく必要がある。完成作品に関する権利は制作にかかわった人びとにさまざまなかたちで生じる。制作後に権利について話し合い、両者のあいだで合意が得られなければ、公開することはできない。したがって、完成作品の扱いに関する合意形成は、撮影前に確実に済ませておかなければならない。

具体的な作業内容

（括弧内は作業をする主体。簡易的に次のように表記する。制作者＝○、撮影対象者＝●）

01　映像制作の計画を立案する。（○）
02　予算の確保。（○）
03　撮影機材の確保と操作方法の習得。（○）
04　制作メンバーの確定。（○）
05　撮影方法について検討する。（○）

06　撮影対象者を訪問し、映像制作の概要（趣旨、日程、完成作品の扱い方、権利など）について話し合う。（○●）

07　覚書の内容に関して調整する。（○●）

（2）フィールドワーク

フィールドワークは映像制作のプロセスのなかで、制作者が撮影対象となる人びとと直接接する唯一の機会となることが多い。映像には撮る側と撮られる側の関係性がさまざまなかたちで反映される。したがって、民族誌映画の撮影では、制作者は撮影を開始する前に長期の時間をかけて調査地の人びとと信頼関係（ラポール）を築くことが推奨される。事前に長期の時間をかけることができない場合には、撮影対象となる人びとが撮影内容を理解し、安心して撮影に臨むことができるように、制作者はさまざまな点において配慮することがもとめられる。また、撮影は予定通り進まないことが多いことから、時間的余裕をもって臨機応変に状況に対応する姿勢が重要となる。

編集により映像を整えることはある範囲において可能であるが、作品を構成するのはあくまでフィールドワークを経て獲得した映像素材である。したがって、限られた時間のなかで制作意図に合致した映像を的確に撮影する技量が試される。また、映像は文章のように後から思い出して書く、ということができない。そのために、撮影現場に特有の緩急のある時間の流れを冷静にとらえ、作品を構成するのに必要な映像および使用する可能性がある映像を幅広く撮影しておく慎重さがもとめられる。

具体的な作業内容

08　制作者は撮影対象者と連絡を取り合い、撮影の日程と内容を決定し、撮影にかかわるす

べての人びととのあいだで情報を共有する。（○●）

09　制作者と撮影対象者のあいだで映像制作の趣旨を再確認し、制作者は撮影対象者に覚書へのサインを依頼してから撮影を始める。（○●）

10　制作者は現場監督となり、インタビュー撮影をするときはインタビュワーを兼ねる。制作スタッフがいる場合は撮影と録音を分担し、いない場合は、みずから撮影と録音を担当する。制作者は制作意図に沿ってカメラの前で起きる出来事を撮影する。撮影内容に関して制作者と撮影対象者とのあいだで問題が生じたときは、両者で話し合い、解決を経て撮影を再開、完了する。（○●）

（3）ポストプロダクション

ポストプロダクションはフィールドワークを通して撮影した映像素材を編集し、映像作品に仕上げていく作業が中心となる。映像素材を選別し、制作意図に沿って映像を配置し、サウンドを調整し、字幕・ナレーションを加え、現実からもうひとつの新たな現実を築いていく。このように、映像制作を通して、制作者の視点・解釈が最も映像に注がれるのがこのプロセスである。また、同じ映像を素材として、それを異なる視点で編集することにより、研究用、広報用、一般公開用など、用途に応じて複数のヴァージョンを制作することが可能である。したがって、多くの制作者は、三つの制作プロセスのなかでポストプロダクションに最も時間を費やすことになる。

アーカイブズもまた重要な作業である。映像を保存・活用する際に重要なのは、必要なときに必要な映像が得られること、その体制が維持されていることである。映像はまさに情報の集積体である。したがって、映像をアーカイブズする際には、まず、映像作品を視聴しなくてもその内容を知ることができるようにインデックス（索引）を整えておくことが重要となる。次に保存の仕方であるが、映像記録媒体には複数の選択肢があるものの、いずれも変化の途上にあるために定期的なマイグレーション（映像情報の移し替え）が必要になる。このような理由から、制作準備の段階において、アーカイブズを維持するための費用を計上しておくことが望ましい。

具体的な作業内容

11 記録映像をもとに、出演者の語りを文章に書き起こす。（○）
12 第一次編集を行う。アーカイブズ版と編集版。（○）
13 編集済み映像を試写し、内容、字幕、クレジットを確認する。（○）
14 撮影対象者に、映像、書き起こし文章を送付し、内容の確認を依頼。映像と文章に削除・訂正の依頼があるか確認し、ある場合には対応する。（○●）
15 第二次編集を行い、最終版を完成する。（○）
16 映像記録のマスターテープ、二種類（アーカイブズ版と編集版）の映像作品、パソコンの映像編集ファイルを保存した外付けハードディスクを管理する。（○）
17 二種類の映像作品の内容を時系列に書き起こしたインデックス表を作成する。（○）
18 映像のインデックス表と書き起こし文章を対応させることにより、映像と文章にリファレンス機能を加える。（○）
19 二種類の映像作品、各インデックス表、書き起こし文章、覚書の複写を、撮影対象者に送付し、保管を依頼する。（○●）
20 二種類の映像作品、各インデックス・リスト、書き起こし文章、覚書の原本を、制作者

側で保管する。（○）

以上が映像制作における各プロセスの概要である。アーカイブズを想定せずに映像を制作する場合、このなかのいくつかを省略することができる。しかし、学術研究は基本的に長期的な視点に立って行われることから、程度の差こそあれ、映像制作にアーカイブズの視点は含まれると思われる。また、撮影の対象や主題によっても作業内容は異なることがある。映像制作には可塑的な側面があり、状況に応じて制作プロセスを組み立てていくことが重要である。しかし、撮影対象が人物・集団である場合には、およそ以上のようになるのではないかと思われる。

映像を制作する側とされる側

最後に、映像制作における倫理と権利について簡潔に述べる。映像を制作すると、制作者には著作権が生じ、映像に対して大きな権利を有する。したがって、映像制作の基礎を習得し、自分の意図する映像が制作できるようになると、制作者は完成作品を「わたしの映像」ととらえ始める。著作権の観点からいえば、たしかにそのようにいうことはできる。一方、撮影対象者には肖像権や知的所有権が生じることになる。制作者は映像に対して大きな権利を有するものの、撮影対象者がもつそれらの権利について充分に配慮すべきであり、その配慮なしに「わたしの映像」は存在しない。

映像は記録や表現のメディアであると同時に、撮る側と撮られる側をつくり、ときに両者を非対称な関係へと導く装置にもなる。撮影対象者の権利を尊重し、映像の公平性を貫いて映像制作を継続することは決して容易な作業ではない。しかし、映像制作の生命線はまさにここにかかっている。映像制作におけるフィールドワークの説明のなかで述べたように、そもそも、映像制作を著作権、肖像権、知的所有権といった権利の問題としてとらえる以前に、両者のあいだの信頼関係につねに立ち戻りながら映像制作を進めることは何よりも優先されるべきであろう。また、制作者が意図せずとも、制作者が撮影対象者にどのように受け入れられていたのか、制作者の人格まで如実に写しこむのも映像の大きな特徴である。この意味において、映像とは、撮る側と撮られる側のかかわり合いの記録ということもできる。

映像を制作する過程では、さまざまな問題に直面することになる。撮影機材に関する問題なら技術的に解決することが可能であるが、倫理に関する問題のなかには容易に解決できないものも多い。しかし、そのような問題に直面したときこそ、撮影対象者と時間をかけて話し合い、最善の解決方法を模索していただきたい。とくに文化人類学の場合、長期にわたり同じ地域・集団・人物とかかわっていくことになることから、信頼関係にもとづく映像制作を着実に進めるべきであり、自分が制作者だからといって、一方的な視点からの映像制作は慎むべきである。映像制作を通して両者が出合い、ひとつの創作物をつくりだす以上、それは両者のための映像でもあることが望ましい。映像制作の各プロセスを通して、両者のための映像とはどのようなものか何度も問い直すこと、それは映像制作における倫理的課題に応える最初の一歩となるのである。[3]

注

（1）村尾静二（2008）映像と人類のコミュニケーション序説、「科学におけるコミュニケーション2007」所収（平田光司監修）、総合研究大学院大学、葉山高等研究センター、251〜252頁に加筆.

（2）ジョルジュ・サドゥール（1992）『世界映画史①』（村上匡一郎、出口丈人訳）国書刊行会、77〜124頁.

（3）村尾静二（2010）学術映像の研究と実践、「科学におけるコミュニケーション2009」所収（平田光司監修）総合研究大学院大学、葉山高等研究センター、177～187頁に加筆.

（4）作品タイトル『学術映像アーカイブズ　国立極地研究所―板橋時代の記録』取材期間＝2009年1～2月、撮影場所＝国立極地研究所（東京都板橋区加賀1910）、製作＝総合研究大学院大学（以下、総研大）・葉山高等研究センター「人間と科学」プロジェクト（代表 平田光司 総研大 教授）、制作＝村尾静二（総研大・葉山高等研究センター 上級研究員）、監修＝神田啓史（国立極地研究所・総研大 教授）、制作統括＝大森康宏（立命館大学 教授、国立民族学博物館・総研大 名誉教授）、制作スタッフ＝株式会社エスパ、井ノ本清和（撮影・編集）、中村伸夫（録音・編集）、インタビュアー＝大森康宏、村尾静二、協力＝国立極地研究所、総研大・葉山高等研究センター「人間と科学」プロジェクト、研究課題「大学共同利用機関の歴史」（代表 松岡啓介 核融合科学研究所・総研大 教授）。ただし、各々の所属と肩書き、機関名は制作当時のもの。

（5）このように、撮る側と撮られる側が映像をどのように共有するかという問題を多角的に論じた図書として、次のものがある。
村尾静二・箭内匡・久保正敏編（2014）『映像人類学《シネ・アンスロポロジー》――人類学の新たな実践へ』せりか書房.

参考資料

本稿で論じた映像作品の制作において使用した覚書は、趣旨書、大学・機関・グループ代表用覚書、個人用覚書から構成されている。これらの覚書は、総合研究大学院大学のオーラスヒストリー研究グループが使用してきたものを映像制作向けに再編したものである。

覚書用趣旨書

趣 旨 書

○○○○○大学○○○○○プロジェクト（代表○○○○）は、世界第一線の研究現場と研究者を記録するために、記録映像を撮影、制作することに努める。

映像は文書や写真が持たない多くの情報を持つため、研究者と研究の現場をより生き生きと記録することができる。本映像制作では、長年、世界第一線で学術的映像を制作してきた担当者を中心とするチームによって撮影・制作を行う。そのようにして制作された映像は、学術的価値が高いと同時に、広報、教育の素材として優れている。

制作した映像は、「大学・機関・グループ代表者用覚書」と「個人用覚書」に従って関係者内外に広く公開し、活用することを目的とする。

○○○○○大学○○○○○プロジェクト代表
○○○○

大学・機関・グループ代表用覚書

大学・機関・グループ代表用覚書

＿＿＿＿＿＿＿＿＿＿＿＿＿＿＿＿＿＿＿＿＿（大学・研究機関名）の長、あるいは長を代理する広報部、または、アーカイブズ担当者（以下、「甲」という）は、○○○○○大学（以下、「乙」という）が撮影したビデオテープ（以下、「マスターテープ」という）の使用に関して、以下の条件で合意する。乙は誠意をもって、この覚書の内容を遵守する。

1 乙はマスターテープを歴史史料として長期間、保管することに努める。

2 乙は甲にマスターテープの複製を納め、甲はそれを保管することができる。

3 甲と乙はマスターテープを素材にして学術研究、教育、及び広報に利用することができる。広報映画などまとまったものができた際には、甲と乙はお互いにその旨を連絡する。

4 マスターテープの複製あるいはその一部を使用する際には、いかなる場合も乙と制作者、協力者の名前を明記する。明記の仕方については、最初に使用する際、乙と協議する。

5 甲と乙以外の第3者にマスターテープの複製を貸出す場合は、その都度、甲と乙の間で協議する。

6 乙はマスターテープの撮影に協力した甲に所属、協力する個人の承諾書の写しを甲に送付する。甲と乙はマスターテープの利用に関して、この個人から委譲された権限を、誠意をもって使用する。

7 本覚書とその複製を、甲、乙が保管する。

8 ここに規定のない利用については、別途、双方で協議する。

ご希望があればお書きください。

年　　月　　日

（甲）　所属大学・機関名

氏名

（乙）○○○○○大学○○○○○プロジェクト代表

○○○○

個人用覚書

個人用覚書

＿＿＿＿＿＿＿＿＿＿＿＿＿＿＿＿＿（氏名）（以下、「丙」という）は、○○○○大学（以下、「乙」という）が撮影したビデオテープ（「マスターテープ」）の使用に関して、以下の条件で合意する。

1　丙は「大学・機関・グループ代表用覚書」を読み、同書で交わされた内容を承諾する。肖像権は

＿＿＿＿＿＿＿＿＿＿＿＿＿＿＿＿＿＿＿＿＿（大学・機関・グループ）

（以下「甲」という）の長、あるいは長を代理する広報部、またはアーカイブズ担当者に委譲する。

2　丙は、撮影された映像で削除したい部分を、編集作業中に乙に申し出ることができる。

3　本覚書とその複製は、甲と乙が保管する。

4　乙は誠意を持ってこの覚書の内容を遵守する。

ご希望があればお書きください。

年　　月　　日

（丙）　所属大学・機関名

氏名

（乙）○○○○○大学○○○○○プロジェクト代表

○○○○

Part II

制作編

―フィールドと映像のさまざまなかたち

PartIIでは、4つの研究分野における映像術を具体的に紹介する。フィールドワークにおける映像の撮影・編集・公開の方法論や意義が、研究者自身の経験にもとづいて検討される。▼第3章（藤田）では、北極海での調査航海における撮影・研究が、博物館映像学の観点から、使用機材の詳細な説明とともに提示される。▼第4章（座馬）では、霊長類学における撮影の意義や方法論、利用法が示される。▼第5章（田邊）では、南極湖沼における生態学的な調査において、映像が活用される様子が紹介され、自然科学系の研究において映像が新しい知の世界を開く可能性が考察される。▼第6章（川瀬）では、アフリカでの音楽・芸能を対象にした民族誌映画の制作方法論が検討されるとともに、映像人類学的な作品の公開によってひきおこされる問題が論じられる。

3 博物館映像学の観点からみた北極海における撮影の意義

藤田良治
FUJITA Yoshiharu

船に焦点をあてた映像記録を撮ろう。私がこう思い立ったのは、30年間使用された北海道大学水産学部の練習船おしょろ丸Ⅳ世（１３９６トン、写真１）があると聞いたからである。おしょろ丸は、北海道大学の所有ではあるが、学内の研究者や学生だけでなく、他の教育研究機関の研究者や学生も利用できる開かれた船であるにもかかわらず、関係者以外にはほとんど知られていない。そこで、２０１４年夏におしょろ丸を北海道大学総合博物館で開催することを企画し、船での研究と教育、日常の生活を広く紹介することを計画した。

私はおしょろ丸Ⅳ世の「60日北洋航海」に二度参加して、研究者、学生、船員らの活動風景の映像記録を行った。本章では、その際に使用した撮影機材や撮影までの準備、関係者との信頼関係の構築について説明する。また、私が提唱する「博物館映像学」の概念を紹介し、北極海での撮影

写真１　タグボートから撮影したおしょろ丸
初代おしょろ丸（1909年建造）から数えて４代目（1983年に建造）．全長72m，乗員数最大106人．

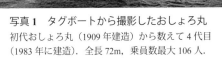

の意義を考察する。「博物館映像学」における映像記録は、企画展示のみを目的とした映像ではなく、その映像素材が研究や教育にも応用できるといった幅広い意味をもつ。このように映像素材に注目した撮影や保存、活用について広く研究する新しい研究分野が「博物館映像学」である。

撮影機材の選定について

平成25年度の北極海に向かう「60日北洋航海」で使用した撮影機材は、以下の通りである。

・ビデオカメラ　XDCAMメモリーカムコーダーPMW-200（SONY）
・三脚　Vision 3（Vinten）
・カメラスタビライザー　HD4000、スムースシューター（Glidecam）
・レンズフィルター　Zeta UV L41、Zeta EX サーキュラーPL（KenkoTokina）
・予備ビデオカメラ　HDR-CX550V（SONY）
・予備ビデオカメラ用三脚　F740（SLIK）
・デジタル一眼レフカメラ　D800E（Nikon）

（1）ビデオカメラ

今回の北極海での撮影機材には、PMW-200を主に使用した。ビデオカメラは、最高峰に位置する放送用（２００万から１０００万円程度）、放送用には及ばないが画質はよく、堅牢製も備えている業務用

写真２　企画展示「学船」展示室
映像を中心とした，船をテーマにした展示.

（50万から200万円程度）、一般家庭でプライベートに使用される家庭用に分類されている。PMW-200は、業務用に位置し小型軽量で単独撮影に向いている。小型ビデオカメラでは珍しく、従来型より大きな2分の1型サイズの撮像素子を搭載し、暗い場所での撮影に強く、画質も格段に向上している。暗い場面を撮影するには被写体にライトをあてて光量を増加させる必要があるが、ライトの設置や電源の確保が必要となり、今回のような狭い船での撮影では現実的ではない。そこで、薄暗い場面でもその場にある光で雰囲気を出しながら撮影できるビデオカメラを船に持ち込んだ。

（2）三脚

三脚は撮影に欠かせない機材である。三脚を使った映像は、手持ちによる撮影で生じる手ぶれがなく、安定した見やすい映像撮影ができる。おしょろ丸船内の撮影では、なめらかで安定した操作性を確保するため、三脚のヘッド部分に Vinten の Vision 3 を採用した。この製品は、撮影者が縦方向にカメラを傾けて手を離しても、カメラがその角度を維持できる特徴をもつ。通常の三脚では、カメラを縦に動かすティルトの場合、カメラを上や下に向けた状態でブレーキやロックをかけてカメラ位置を固定する。一方、今回使用した三脚は、カメラの重さに対してバランスがとれた状態ではブレーキをかけずに三脚から手を離すことができる。自分に合った信頼性の高い三脚ヘッドを使うことによりスムーズなカメラワークが可能になる。

フィールドにおける単独撮影では、機材の総重量をできるだけ軽くするために、信頼性が高く堅牢な機材を選択する必要がある。高画質小型業務用ビデオカメラは、バッテリーやメモリーカードなど撮影に必要なアクセサリーをつけると3kgになり、三脚ヘッドは2・5kgである。使用する機材の総重量は10kg以下が理想的であるため、三脚の脚は3・2kgのアルミ製ではなく2・6kgのカーボンファイバー製を選び、移動時の機動性向上や機材運搬の疲労感を軽減した。アルミとカーボンファイバーでは、重さ以外にも選択すべき特徴がある。気温がマイナス10度を下まわる寒冷地をフィールドとする場合、アルミよりカーボンの方が凍りにくいという利点がある。また、三脚を選ぶポイントは材質の他に脚の収納サイズがある。2段式と3段式があり、2段式の方が300g軽いが、収納時の長さは2段式が64・7㎝に対して3段式は41・6㎝となる。今回は、重量よりも収納サイズを優先し、3段式を選択した。

（3）カメラスタビライザー

三脚の他に、ビデオカメラを持ち、移動しながら撮影してもブレがほとんど気にならない「カメラスタビライザー」とよばれる防振装置を持ち込んだ。空中を滑るような移動映像が撮影できるため、映像に変化をつけたいときに有効な撮影機材である。この機材はGlidecamのHD4000とスムースシューターの組み合わせで、持ち込んだ機材のなかで最もサイズの大きいものとなった。

（4）レンズフィルター

海上での撮影では、機材のメンテナンスは欠かせない。今回使用した機材は防塵防滴仕様であるため、多少の雨は問題ないが、塩分を含んだ潮風は、機材を構成する金属類を腐食し、機材の寿命を縮める。撮影終了後は、空気を勢いよく放つブロアーで機材全体の埃を落とした。その後、清水で洗ったタオルを固く絞った状態でカメラ全体を拭いた。

レンズは、専用のレンズクリーナーとレンズクロスを使用し、レンズ中心部から外側に円を描くように丁寧に拭く。レンズはすべてのカメラに備わっている重要な構成部品である。最初に光が入ってくるレンズ部分を前玉とよぶが、この前玉に汚れや傷がつかないようにするため、レンズフィルターとしてケンコーのZeta UV L41を取りつけた。このレンズフィルターは、紫外線を吸収するＵＶカットフィルターの機能を備えており、天気のよい海や山など紫外線が強い環境で撮影する際に発生する目立つ青みを防ぐ。北極海での撮影は曇天が多かったが、太陽が出れば紫外線が強く差し込むことが予想されたため、ＵＶカット機能を備えたレンズフィルターを装着して撮影に臨んだ。雨や潮風に吹かれた際には、前玉自体ではなく、このレンズフィルターをクリーニングすることで、容易にメンテナンスできた。仮に、レンズフィルターにペンキが付着したり、金属片がレンズにあたり傷ができても、レンズフィルターを交換するだけで対処できる。

レンズフィルターにはいくつか種類があり、状況に応じたフィルターを選択するとよい。いくつか基本的なフィルターを挙げる。光量を低下させるフィルターとしてＮＤ（Neutral Density）フィルターがある。業務用のビデオカメラではＮＤフィルターが内蔵されており、ビデオカメラに付いたダイヤルを回すことで調整できる。しかし、ＮＤフィルターが標準装備されていないビデオカメラでは、前玉にＮＤフィルターを取りつけて光量を調整することになる。被写体がガラスケースに入っており、ガラス越しに撮影しなければならない場合には、反射を軽減するC-PL（Circular Polarized Light）フィルターを用いる。北洋航海では、船を操縦するブリッジ（操舵室）を外から撮影する際に海の風景がガラス面に反射して映り込んでしまい、中にいる船員の表情を撮影することが難しい状況があった。しかし、C-PLフィルターを用いることで、ガラス面に反射する風景を軽減して室内の様子を映し出すことができた。C-PLフィルターは、青空や新緑の木々の色を鮮やかに表現したいときにも用いる。空気中の無数のチリに光があたりモヤがかったようなとき、このフィルターを用いると、映像のコントラストが高くなり、すっきりとした印象を与える。

（5）予備機

撮影に臨む際には、予備機をいくつか用意して不測の事態に備えることはいうまでもない。今回は、メインのビデオカメラであるPMW-200が故障などで撮影が困難になった場合に備えて、バックアップとして家庭用ビデオカメラと小型三脚を準備した。また、ビデオカメラ以外にも、企画展示の図録に掲載する写真を撮影するために、デジタル一眼レフカメラを携行した。デジタル一眼レフカメラも動画撮影できるためビデオカメラの予備機となる。

機材の選定は、現場の環境を予測して行わなければならないため非常に難しい。ビデオカメラの撮像素子の大きさや機材の重量についてはすでに述べたが、実際の使用感はカタログ表記の数値では測れない。撮像素子が大きければ、きれいな映像が撮れるというイメージがあるが、映像は解像度だけでなく色味の再現性も重視しなければならない。レンズを操作するリング径の大きさや動きのスムーズさなど使用感も考慮し、使用環境に合った機材を選択することが重要である。

周到な計画立案、臨機応変な対応

企画展示や教育研究で使用する映像を撮影するには、綿密な撮影計画を立てる必要がある。今回は撮影準備に2年以上をかけた。北極海へ向かう平成25年度北洋航海の前年度にも、おしょろ丸「60日北洋航海」に乗船した。そこでは、撮影ポイントのロケハンを行い、航海中の撮影計画を検討することを目的とした。他に、揺れる船のなかでの撮影条件や、エンジンから常に受ける振動の影響の度合いを確認し、私自身が船内での長期撮影に対応できるかを知りたいと考えた（写真3）。健康な人でも、船の揺れに耐えられず、乗船後ほとんど何も活動できなかったというケースは多い。幸い私は、多少荒れた海でも思ったほど船酔いせず通常の生活を送ることができた。撮影ポイントもかなり絞ることができ、翌年度は家庭用カメラでなく業務用カメラを持ち込むことができると判断した。他にも撮影機材の保管場所や船内での映像の整理・編集を行うためのスペースや電源の確保など、撮影に向けて入念に下調べを行った。パソコンや機材への電源供給も、船内で24時間可能であることを確認できた。ただし、おしょろ丸に搭載された発電機による電源供給は、電圧波形の歪みが発生しやすい。実際、撮影中に蛍光灯のちらつきが目立つフリッカー現象が出てしまったこともあった。他の装置から生じるノイズの影響や、共用使用にともなう負荷増加による一時的な電圧降下が原因として一般に考えられる。ライトの増設や映像素材の編集・整理用にパソコンを持ち込む場合には、安定化装置をつける必要性を感じた。このような前年度の経験を活かし、平成25年度には前項に記した機材を選定した。

事前に撮影現場を見ておくことで、撮影に余裕が生まれる。船外活動ではヘルメットやムスタングスーツ（浮力確保と低体温症抑止ができる服装：後述）を身につける（写真4）など、危険防止のため多くの規則が存在する。航行中には、カメラの立ち位置としたい場所でも立ち入りが制限されるエリアが存在するなど、船の上では守らなければならないルールがある。これらを念頭に置き、充分な時間をかけて撮影イメージを組み立てることができた。

平成25年度北洋航海は、企画展示の内容にそった映像を撮影するため、おしょろ丸に乗船する研究者の研究内容や調査日程をあらかじめ把握したうえで、撮影計画を立案した。乗船予定の研究代表者が出席した会議（写真5）では、調査スケジュー

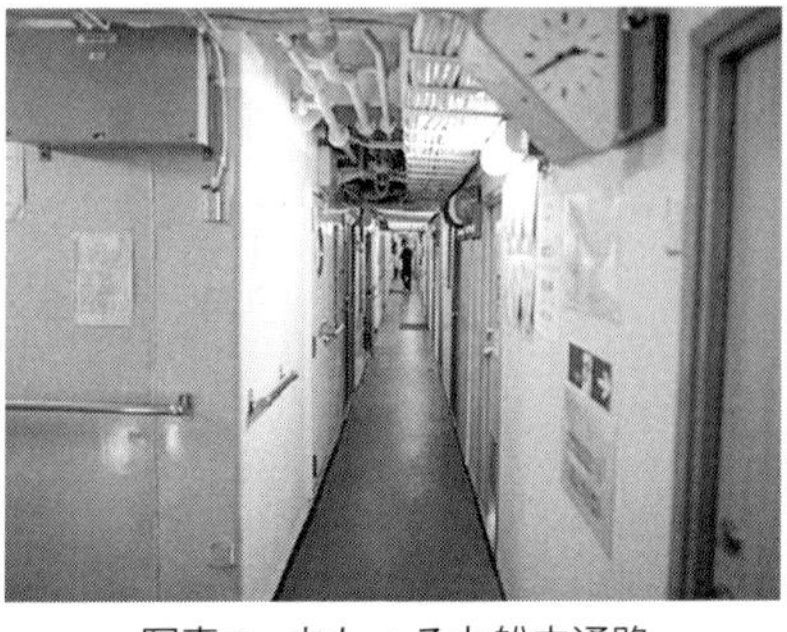

写真3　おしょろ丸船内通路
航行中は常にエンジンの振動が船内に響いている．この狭い通路を行き交い，日々撮影を行った．

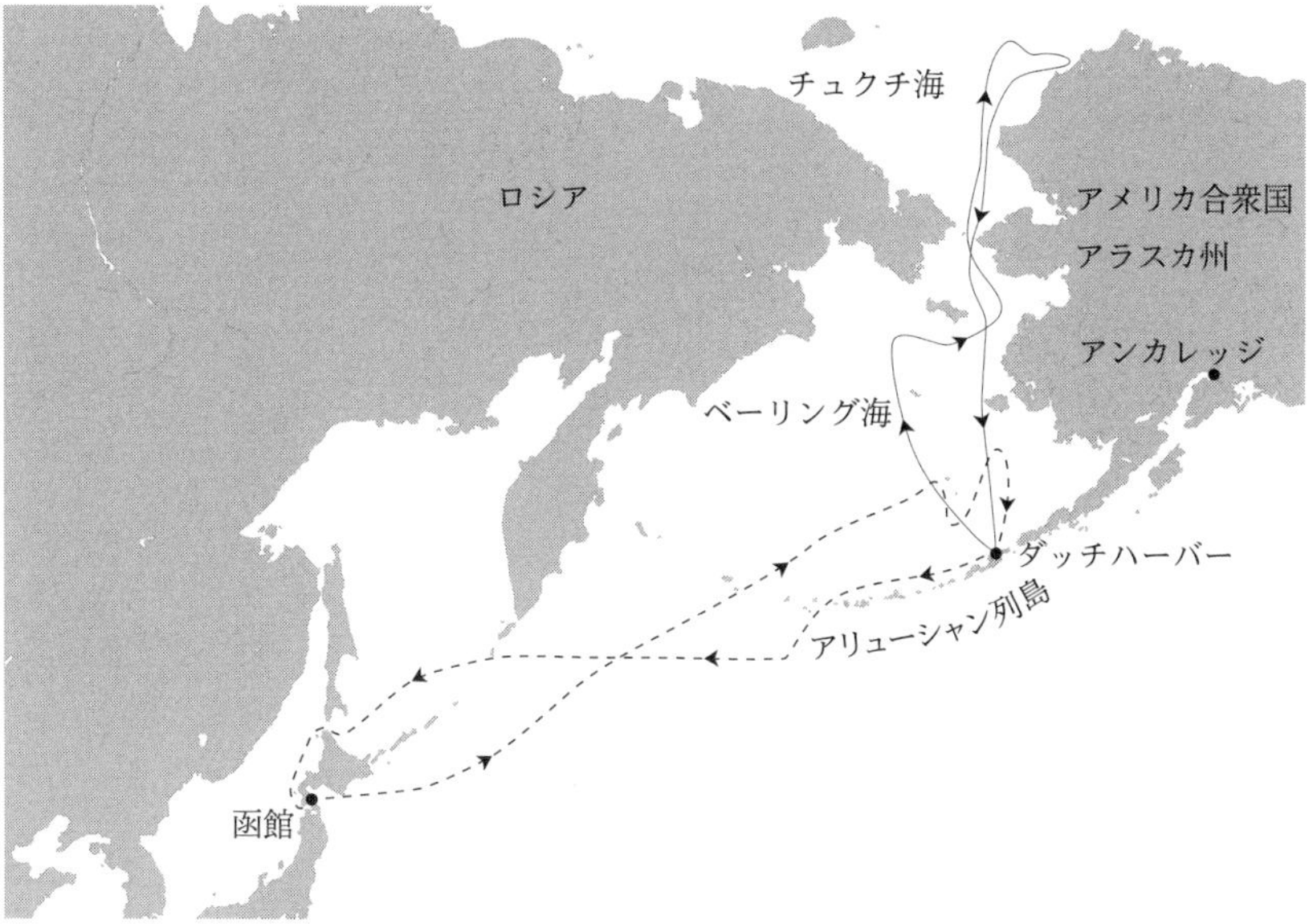

図 **1**　平成 **25** 年度おしょろ丸 **60** 日北洋航海の航路

おしょろ丸では寄港地までの区間をレグとよぶ．破線は，函館からダッチハーバーまでの往路レグ 1（3108.2 海里≒ 5756㎞）とダッチハーバーから函館までの復路レグ 3（2616.2 海里 ≒ 4845㎞）．実線は，筆者が乗船したダッチハーバーから北極海を経由しダッチハーバーへ戻る航路レグ 2（3227.3 海里≒ 5977㎞）．メルカトル図に記載．

写真 **5**　乗船者会議（おしょろ丸船内にて）

北極海へ向けた「60 日北洋航海」の出航 1 カ月前に，乗船する研究代表者が出席して，調査の概要や計画を打ち合わせた．

写真 **4**　出航の様子を撮影する

ヘルメットとムスタングスーツを着用して，撮影を行う．

ルや研究内容を調整し確認した。私はどのような映像を撮影するか理解してもらうために、会議の席で参考として前年度の「60日北洋航海」の映像を上映した。そして、今年度の撮影計画を提示し、関係者全員から撮影許可を得た。

このように2年間をかけて綿密に計画立案していても、天候などの撮影条件によって計画の変更を余儀なくされたり、現場でなければ決定できないことや、新たな対応を求められることもあるなど、臨機応変な対応は不可欠である。事例として、アラスカのダッチハーバーから北極海に向けて出港する際の撮影の経緯を紹介する。乗船前から必要なシーンをいくつかイメージし、その撮影方法も複数案を検討してきた。ダッチハーバーからの出港シーンの撮影方法として、まず次の3案を考えた。

1．おしょろ丸船外艇から撮影する
2．岸壁から出港シーンを撮影する
3．ヘリコプターをチャーターして空撮する

第1案は、船外艇をおしょろ丸から降ろして撮影し、岸壁からおしょろ丸の航行風景を撮影する方法である。船外艇を降ろして撮影するには10人ほどの人手が必要であるが、出港時に10人もの人手を撮影に配置するほど余裕はない。第2案は、岸壁から撮影し、撮影後にチャーターした船で追いかけておしょろ丸に乗船する方法であるが、時間も費用もかかりすぎるため現実的でない。第3案は、ヘリコプターや飛行機をチャーターして上空から撮影する方法であるが、あまりに費用がかかりすぎ、何より空からおしょろ丸には乗り込めない。この3案とも実現は不可能だった。

しかし、おしょろ丸の出港シーンを撮影したいと思った。そこで代替案として、おしょろ丸を岸壁

から引き離す際に曳航するタグボートに乗り込み、タグボートからおしょろ丸の出港シーンを撮影する方法を考えた。おしょろ丸には港の外まで船を誘導する水先案内人（パイロット）が乗っており、誘導後はタグボートに乗って港へ戻る。タグボートに乗り込めば、おしょろ丸の出港シーンを間近で撮影できる。さらに、パイロットと入れ替わりでおしょろ丸に乗り込めば、時間的なロスが少ない。

この撮影方法をおしょろ丸一等航海士に打診したが、現地でパイロットに直接交渉する方がよい結果が得られると判断され、その機会をダッチハーバーで探った。パイロットがおしょろ丸船上バーベキューパーティーに参加するという情報を得た私は、おしょろ丸一等航海士にパイロットを紹介してもらえるように頼んだ。バーベキューパーティの会場でパイロットと直接交渉した結果、タグボートへ乗船しておしょろ丸の出港シーンを撮影することについて快諾を得ることができ、おしょろ丸船長の了解も得られた。

出港当日、おしょろ丸出港2時間前にタグボートの船着き場に来るように案内された。朝6時には風が強く波も高かった。おしょろ丸船長と相談し、タグボートからおしょろ丸に乗り込む際に海へ落ちる危険があるため、撮影中止を一時検討した。出港2時間前の8時には、小雨がパラつくものの風はだいぶおさまってきた。再度、おしょろ丸船長と相談し、撮影を決行するか否かはパイロットの最終判断に委ねることで、港の外でタグボートからおしょろ丸へ乗り移る許可が下りた。水温の低い海に万が一落下しても、浮力確保と低体温症抑止ができる色鮮やかなオレンジ色のムスタングスーツ（写真4参照）を身につけ、タグボートに乗り込んだ。タグボートの屋根に三脚とビデオカメラをセットした。出港シーンは、ダッチハーバーの景色を入れ込んだ広角で撮影しようと決めていた。小雨がレンズにつくたびに、丸くなった水滴をレンズクロスでぬぐった。白が基調で黄色い煙突がアクセントになっているおしょろ丸船体を、青い海と抜けるような空をバックに撮りたいと願ったが、なかなか天候は回復しなかった。しかし、ちょうどそのとき、雲の合間から光が差し、おしょろ丸にスポットライトを浴びせた。残雪の残るアラスカの山々、そしてダッチハーバーの象徴でもあるロシア正教会を背景に、優雅に航行するおしょろ丸を映像に収めることができた。港の外に出てから、私はビデオカメラとともにおしょろ丸へ乗り込み、パイロットはおしょろ丸からタグボートへ乗り込んで、お互いに手を振り別れた。

こうして無事におしょろ丸の出港シーンを撮影することができた（写真6）。もし当日の天候が回復しなければ撮影は中止となっていた。中止になった場合の差し替え映像として、前日に、停泊中のおしょろ丸を対岸の小高い丘の上から撮影しておいた。何が起こるかわからない現場では、常にあらゆる状況を考慮して行動しなければならない。

写真6　タグボートに三脚を立てて撮影を試みる
パイロットと直接交渉してタグボートに乗船し，おしょろ丸の出港シーンを撮影する．

重要なのは撮影者と撮影協力者との信頼関係

どんな場所でもスムーズな撮影を実現するには、何より大切にしなければならないことがある。それは撮影に協力していただく人たちとの信頼関係である。今回の撮影では研究者、学生、船を動かしている船員、彼らは皆、被写体の候補であり、撮影に協力してもらう必要がある。事前に撮影意図や撮影方法を伝え、彼らの意見や感想を聞いて議論し、承諾を得る必要がある。また、荒れた天候で私自身は船酔いがなくても、相手は船酔いで気分を悪くしているかもしれない。あるいは、調査が思うように進まず、八方ふさがりの状態かもしれない。船内での生活は、限られた空間の共同生活を強いられるため船に乗っている人たち全員がお互いに気を遣っている。私にも、相手の状況に応じて撮影することが当然求められる。

そこで私は、実際に船のなかで撮影した映像をコンパクトにまとめ、出港後2日目には乗船者に映像を見てもらう機会を設けた。こうすることで、撮影意図が改めて確認され、互いの信頼関係が深まり、撮影への協力体制がより強固になったと考える。そして、撮影時には常に協力者のコンディションを優先して対応した。

博物館映像学という新領域への挑戦

おしょろ丸で撮影した映像は、北海道大学総合博物館の企画展示で上映するだけではない。私は、そのさまざまな活用方法を考えている。

博物館と映像は親和性が高い。博物館の展示では、動きのある事象を来館者へ伝える方法として、映像をテレビモニターやプロジェクター投影で上映している。そこで上映される映像の多くは、博物館に映像制作の専門的な知識、技術がないため、制作・工程管理を代理店に任せているのが現状である。

映像には、著作権などの権利が法的に定められている。このため、博物館が展示映像を制作し、後から映像を短く編集しインターネットで配信しようとすると、使用目的が異なるために自由に使うことができないといった問題が生じることもある。使用目的を限定せず自由に使えるオリジナリティの高い展示映像を博物館が来館者に提供するためには、代理店としっかりと契約を結ぶか、代理店に頼ることなく自ら映像を企画し撮影、編集まで手がける必要性を感じる。

私が取り組んでいる新たな研究分野である「博物館映像学」では、撮影した映像素材を「学術映像標本」と位置づけ、その「学術映像標本」を収集、保存し、展示や教育、研究、さらには広報といった分野に活用することを多角的に研究している。この標本は、「学術映像標本」の必要な情報として、撮影日、撮影者、内容などのメタデータといわれるタグが付与され整理される。「学術映像標本」にも著作者がいるため、館外での利用にはある程度の制約が発生するが、少なくとも同一組織での利用であれば自由度の高い活用が期待できる。展示を目的に撮影した「学術映像標本」であっても、後に教育や研究のために編集して活用することも可能であるし、広報を目的としたＰＲ映像として利用することもできる。

おしょろ丸に乗船していた研究者間では映像を研究に活用する検討が始まっている。たとえばプランクトンの採集には、北太平洋標準ネット（NORPAC：North Pacific Standard Net）という捕虫網のようなリング付の網を使い、水深１５０ｍから網を引き上げる（写真7）。そのときに網で捕らえたプランクトンを集めて、ホルマリンで固定する。NORPACによるプランクトンを採取する手法は50年以上前から変わらず、21世紀の今でも同様である。しかし、水深の垂直方向に網を引いただけでは、水深によるプランクトンの生息状況を観察することはできない。

写真7　NORPACネットでプランクトンを採集する研究者たち

おしょろ丸左舷からNORPACネット（北太平洋標準ネット）を海底に向けて降ろし，垂直方向へ引き上げながらプランクトンを採集する．

プランクトンの研究者の間で新たな手法として注目を集めているのが、プランクトンビデオレコーダー（ＰＶＬ）という装置である。ＰＶＬは、ビデオカメラを海表面から海底に向けて沈め、海底直上から鉛直方向に引き上げ、海底の様子を随時映像で記録する観察装置である。記録された映像には、プランクトンの様子が映し出され、研究者らはこの映像を手がかりに海中のプランクトンの生態を研究することができる。この装置で撮影された映像を分析することにより、垂直方向・水平方向の比較が可能になり、時間の違いによる海中のプランクトンの生態についても知ることができる。得られた映像を、「博物館映像学」の概念における「学術映像標本」としてとらえて、博物館で保管し、多くの研究者が活用するようになれば、新たな知見が生まれる可能性が広がる。

綿密な計画を立て、時間をかけて撮影したフィールドでの映像は、かけがえのない人類の記録であり宝でもある。撮影した素材を、「学術映像標本」として整理、保存し、後世につながる研究や教育、広報などに活かして欲しい。「博物館映像学」という新たな研究分野に、多くのフィールドワーカーが関心をもち、フィールドで撮影した映像を有効に活用するためにも、「博物館映像学」の可能性を私と一緒に追求して欲しいと願う。

Column 1

動物目線のフィールド撮影術

渡辺 佑基
WATANABE Yuuki

ウェアラブルカメラ（＝身に着けられるカメラ）という言葉をしばしば耳にするようになった。小型のビデオカメラをまるで夜のキャンプ場で使うヘッドライトのように額に取りつけ、自分の見ている光景を自分自身の視点から撮影するという発想である。パラグライダーで舞ったり、スキーで滑降したり、マウンテンバイクで山道を駆けたりすれば、視聴者が疑似体験できるような迫力満点の映像が得られる。カメラマンが第三者の視点から撮影する従来の撮影術とはまったく異なる世界がそこには広がっている。

ではウェアラブルカメラを野生動物に付けたらどうだろう。人間の目では絶対に見ることのできない、動物たちの内なる世界をそのままそっくり疑似体験できるのではないか。そして動物たちがどこで、どんなふうにエサを探し、休み、天敵から逃げ、交配相手を見つけているのかを、動物当人の視点から観察することができるのではないか。

私たちの研究グループはそんなことを考え、超小型の動物専用ウェアラブルカメラを開発した。そしてそれを南極のペンギンに取りつけることにより、いままで謎だった海中でのエサ取り行動をペンギン自身の視点から観察することに成功した。

本コラムではそんな「ペンギンカメラ」の概要とそれを使った私たちの研究成果を紹介し、この画期的なツールのもつ潜在力の高さをお伝えしたい。

ペンギンカメラ

私たちの開発したカメラは直径2㎝、長さ8㎝の円筒形をしており（写真1）、重さはわずか33ｇである。撮影時間は約1・5時間とやや短いが、本研究の後で開発された最新モデルでは約5時間の撮影が可能になった。

近年、スマートフォンに高性能のビデオカメラが内蔵されるようになったこともあり、超小型のビデオカメラの部品が多数、秋葉原などにあるコアな電気屋に出まわるようになった。それらのなかから目的に適ったものを選び、防水ケースに入れたものが基本的には私たちのカメラである。ただし、ケースに入れるだけでは動物専用ウェアラブルカメラにはならない。記録を開始する時間を正しくコントロールしないと、目的とする映像を撮ることはできない。たとえばペンギンの背中にビデオカメラを取りつけても、そのペンギンがいつ海に潜り、エサをとってくれるかは彼（あるいは彼女）の気分次第である。下手をすれば陸上でぼーっと突っ立っているペンギンの背中から見上げた青空のみを長々と撮影し、メモリーがいっぱいになってしまう。

だから私たちはタイマーと海水スイッチという二重の仕掛けを組み込んだ。タイマーでセットした時間が経過し、なおかつカメラが初めて海水を検知したときに記録を開始する仕組みである。そのようにして1・5時間しかない貴重な記録時間をペンギンのエサ取りの時間にうまくあてるように試みた。

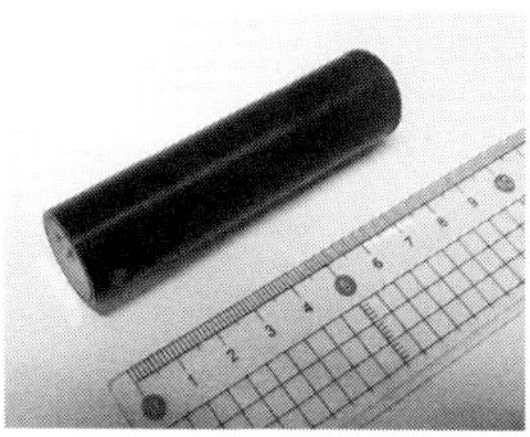

写真1　ペンギンカメラ

世界初、ペンギンのエサ取り映像

私たちが調査したのは南極の海に暮らしているアデリーペンギンである。このペンギンがオキアミや魚を食べていることは、胃の内容物の調査によって以前からわかっていた。しかしそれらのエサをどこで、どうやって、どのくらい食べているのかはまったくの謎であった。

潜水中のペンギンの背中から撮影された映像には、ペンギンの後頭部越しに南極の海のなかの様子が映っていた（口絵⑮～⑰参照）。画面の奥の方から、小さな影のようなものが現れ、だんだんこちらに近づいてくる。それはしだいに大きくなり、形がはっきりとしてきて、一匹のオキアミだとわかる。もちろん実際はオキアミがペンギンに寄ってきているのではなく、ペンギンがオキアミに向かって泳いでいる。オキアミは必死に逃げようともがいているけれど、ペンギンにすっかりロックオンされている。

オキアミが充分に近づいた瞬間、ペンギンの頭がすばやく上下してオキアミが姿を消した。エサ取りの瞬間である（写真2）。スローモーションで再生しないと見えないくらい一瞬のできごとであった。

ペンギンはオキアミの大群に遭遇することもあった。うじゃうじゃとした群れのなか、ペンギンの頭が目にも留まらないスピードでびゅんびゅんと振られ、そのたびにオキアミが一匹、また一匹と姿を消していく。一秒間に二匹という猛スピードであった。

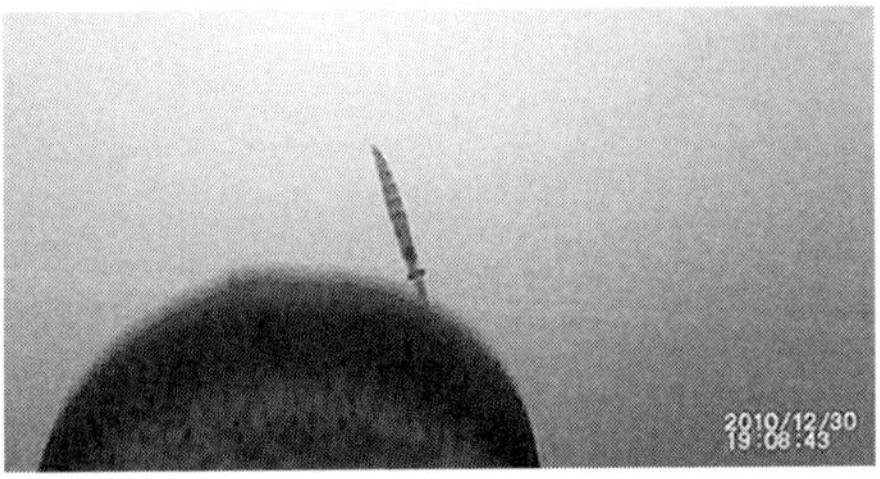

写真2　オキアミを捕える瞬間
手前に見えているのはペンギンの後頭部.
口絵写真⑯も参照.

また魚を捕えるシーンも多数、映っていた。南極にはボウズハゲギスという珍妙な和名のついた魚がいる。この魚は海氷の真下に張りつくようにして暮らす特殊な生態をしており、そのために体全体が白っぽくなっていて、海氷の下に巧妙に姿をくらますことができる。

しかしそんな擬態術もなんのそのとばかりに、ペンギンはボウズハゲギスを下から接近してはパクリと捕えていた（写真3）。ほどんどのボウズハゲギスは逃げる様子もなくやられており、ペンギンはステルス戦闘機のように相手に気づかれることなく接近できることがわかった。

総じてペンギンは驚くほど効率のよい名ハンターであった。1・5時間の映像の間に、あるペンギンはオキアミを244匹も捕えていたし、また別のペンギンはボウズハゲギスを33匹も食べていた。

写真3　ボウズハゲギスを捕える瞬間
ペンギンの頭には別の記録計がついている.

苦労したこともたくさん

だが、南極でのフィールド調査はすべてが順調に進んだわけではない。事前に予想していなかったトラブルに会うこともしばしばで、そのたびに悔しい思いをしたものである。

一番の問題点はカメラの耐久性だった。ペンギンはカメラを背負っているときも、そのことを意識することなく、ときには海氷の下すれすれを泳ぎまわる。そのためカメラが海氷に衝突してレンズ面が破損し、浸水してしまう事故が相次いだ。カメラを回収して喜んだのも束の間、じつはデータがゼロでカメラ自体もオシャカだとわかったときの徒労感といったらなかった。

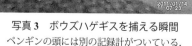

それから、タイマーと海水スイッチという二重の仕掛けも完璧ではなかった。困ったことにペンギンは一度海に入ったと思ったらすぐさま出てきて、その後何時間も氷上に突っ立っていることがある。そんなときには映像記録の大部分が、ペンギンの背中から見上げたのんびりとした空だけに占められていた。

ペンギンが潜水を開始したときにスイッチが入り、潜水を終えたときには一時的にスイッチオフになるような仕組みがあれば、もっとメモリーを効率的に使えただろう。

動物ビデオカメラの潜在力

野生動物に深度計、温度計、ＧＰＳなどの各種センサーを取りつけて生態を観察する手法はバイオロギングとよばれ、近年急速に発展している（Watamabe, takahashi 2013, 渡辺２０１４など）。電子デバイス技術の進歩により、小型で軽量、かつ高性能のセンサーが多数、利用可能になったからである。ただし動物が現場で何をしているのか、直接的な証拠を押さえるのは難しい。たとえばＧＰＳを取りつけたサバンナのゾウが、データ上で水辺まで移動したとすれば、それはきっと水を飲みに行ったのだと想像される。あるいは深度計を取りつけたマッコウクジラが１０００ｍの海に潜ったとすれば、イカか何かのエサをとりに行ったのだと想像される。けれども、その想像が正しいのかどうかは誰にもわからない。

この点においてビデオカメラは革新的である。従来のバイオロギング機器と併用することにより、行動データが本当は何を表すのか、ゆるぎない証拠を提示してくれる。ビデオカメラは単体として貴重な情報を提供してくれるだけでなく、従来のバイオロギング機器のもつ潜在的な力をも、ぐっと引き出してくれる。

ペンギンだけではもったいない。私はこの革新的な調査手法を今後、いろいろな海洋動物に応用していくつもりだ。

参考文献

Watanabe YY and Takahashi A (2013) Linking animal-borne video to accelerometers reveals prey capture variability. PNAS 110: 2199-2204.

渡辺佑基（２０１４）『ペンギンが教えてくれた物理のはなし』河出書房新社.

4 霊長類のフィールドワークと映像の活用法

座馬耕一郎
ZAMMA Koichiro

薄暗い森のなかでチンパンジーたちはくつろいでいた。雨で少し湿った地面の上で、オトナのメスやオスたちが互いに毛づくろいをしている。木の上で葉の動く音がする。子供たちが遊んでいるようだ。私はノートに観察を記録する。なるべく音を立てず、チンパンジーにとって空気のような存在になろうと試みる。

不意に、遠くからかすかな声が聞こえた。震えるような「フー」という声。続いて「ラー」という、やや力強いが、やはり震えている声が聞こえた。緊張した声だ。何が起きているのだろう？ こちらのチンパンジーたちも気にしているようだ。私はデジタルビデオカメラで撮影をはじめた。

目の前にいるチンパンジーたちは毛づくろいの手をとめて、森の奥の声の方を見つめていた。母親のチンパンジーは木にのぼり子供たちを連れ戻した。数分後、一頭、また一頭と、チンパンジーたちは声のする方へ静かに歩き出した。私もビデオを構えたままついていった。

声の発生源らしき場所に着いたチンパンジーたちは、木本性の蔓植物が絡みあう、こんもりとした小さな藪をとり囲んでいた。皆、藪のなかを注視している。ときおり藪を揺する者もいた。声を出していたのは一頭だけで、他は静かに藪を注視していた。

そのときだった。一頭のオトナオスがはじけるように跳び退いた。見ると、一匹のニシキヘビが藪から顔を出していた(写真1)。次の瞬間、ヘビは私の方に向かって移動をはじめた。私は平静を失い、地を這い逃げた。10秒後、気を落ちつけて観察を再開すると、ヘビは灌木の下を通り過ぎているところだった。子供のチンパンジーたちは灌木の上から首を伸ばしてそれを見つめていた。ドタバタしていた私を気にする者はいない。皆、ヘビに見入っている。ヘビは1分ほどで別の藪のなかに姿を消した。ヘビが通り過ぎた後を、オトナオスが恐怖の表情を見せながら、ついて行った。アカンボウを腹に抱いた母親もそれに続いた（写真2）。

写真1　藪から出てきたニシキヘビ
Ⓒ Pan Africa News, 2011.

写真2　ニシキヘビを追うチンパンジー
子持ちのメスもヘビを追っていった.
Ⓒ Pan Africa News 2011.

その後、30分ほど観察を続けたが、ニシキヘビは再び姿を現さず、多くのチンパンジーはその場を去っていった。私はビデオカメラの電源を切った。

再現性のない事例を再観察するということ

調査地は、タンザニア、タンガニィカ湖畔にあるマハレ山塊国立公園である（図1）。このフィールドは、1960年代から西田利貞らにより野生チンパンジーの継続調査が行われてきたが、チンパンジーとニシキヘビの遭遇が観察されたのは今回が初めてだった。霊長類がヘビを怖がるのは生得的か否か議論されてきたが、この事例は、怖いけれど、めったに見ることのないニシキヘビに興味をそそられついて行くという、チンパンジーのアンビバレントな姿を示している。

霊長類のフィールドワークで映像資料が最も効果的に利用されるのは、まれな事例の観察においてである。「世界初の撮影に成功」と謳うテレビ番組と同じように、珍しい映像は、その行動が実際に存在することを示すという意味で説得力があり、また見る者を魅了する。

しかし映像の利用価値はそれだけではない。動物の行動というものは、再現することのない動きの連続であるが、映像を用いることで、繰り返し観察することが可能になる。デジタルビデオカメラの再生機能である一時停止や、スロー再生、拡大、巻き戻し、コマ送りなどの機能を用いながら再観察することで、

図1　タンザニアのマハレ山塊国立公園

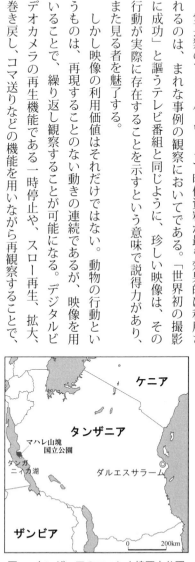

霊長類の各個体が、どのタイミングで、どのような行動をとったのか、細かく記述することができる。実際に、ニシキヘビと出会ったチンパンジーの例では、さまざまな個体がさまざまな行動を同時に行っており、映像がなければ細かいところまで記録できなかった。

ニシキヘビの長さは2・8mだったが、これは映像を用いることで計測できた。映像を見ながらヘビが通過した二点間を特定してその距離を実測し、その二点をヘビの頭が通過した時間と、どちらかの一点をヘビの体全体が通過する時間を映像から測定し、算出した。肉眼ではおおよその推定をするしかなかったヘビの長さだが、映像に収めていたことで、ほぼ正確な値を出すことができた。

野生動物の撮影技術

動物園は昔も今も人気スポットだ。ゾウが鼻を上げる独特な動きも、あるいはカバが口を開けるだけの動きでさえも、見る人を惹きつける。動物を観察するのに動物園は最適な場所のひとつだが、野生の動物となるとなかなか難しい。ここでは野生動物の撮影技術について、主な方法を三つ挙げる。

一つめの方法は、「こっそりと撮影する」方法である。野生動物には人の気配を感じて姿を隠す種もある。動物に気づかれないためにはこちらが姿を消せばいい、ということで、草木で覆った小屋やテントに隠れて撮影する方法がとられることがある。この手法の延長として、最近では自動撮影装置を使う人が増えている。赤外線などを用いたセンサーが動物を感知すると撮影を開始するという装置で、観察者がその場にいる必要がない。装置を数多くしかけることで、複数地点で生活するさまざまな動物を同時に把握することができる。森のなかに突然現れた装置を気にする動物もいるかもしれないが、せいぜい文庫本くらいの大きさなので、人間が姿を現すよりも警戒しないだろう。

二つめの方法は、「動物自身に撮影してもらう」方法である。動物がカメラを手に歩くわけではない。首輪などを用いて動物にカメラを固定するのである。この技術も最近、使う人が増えている。撮影記録装置やバッテリーの軽量化、小型化、防水化の発達により、哺乳類はもちろん、海生動物から鳥類まで、さまざまな動物に取りつけが可能になっている。動物が見ている風景を臨場感あふれる映像で見ることができ、まるでその動物になった気分にさせてくれる。ただしこの装置を使うには条件があり、動物がその装置を「気にしない」ことが必要である。装置を取りつけるには、動物を捕獲し、動物が気にしない場所に取りつけなければならない。集団で生活し、毛づくろいを行う霊長類は、装置を取り除いたり、場合によっては口に入れてしまう恐れもあり、この方法を使うのは難しいだろう。

三つめの方法は、人の気配を感じても気にさせない方法、つまり動物のヒトづけである。この方法の問題は時間がかかることである。動物によっては、ある程度の距離を取りさえすればすぐにでも観察できる種もあるが、霊長類をはじめとする哺乳類動物は、人に慣れるまでに数カ月から数年の時間がかかる。ただし人に慣れてしまえばメリットは大きい。動物とともに歩き、日の出から、日の入りまで、場合によっては夜を通して、動物の行動をつぶさに観察できるのである。もちろん観察中に撮影することもできる。

野生動物を撮影する基本的な注意事項は、動物たちに刺激を与えないようにすることである。たとえばストロボは厳禁である。近づき過ぎたり騒ぎたてるのもよろしくなく、動物から適度な距離を取り、静かに撮影する方がよい。

映像記録の蓄積と利用

動物行動の映像には、蓄積して資料として用いる利用価値もある。「歩く」とか「食べる」とか、さまざまな行動を分類して記載したものを行動目録という。野生動物の行動を詳しく観察すると、彼らがじつに多様な行動様式をもっていることに気づく。

たとえばチンパンジーが「歩く」といっても、両手両足をついて歩く「四足歩行」もあれば、両足で歩く「二足歩行」もあるし、片手と両足をつく「三足歩行」というのまである。また、手をついて歩くといっても、基本的には「ナックル」とよばれる「軽く握った手の指の第一関節と第二関節の間あたりの甲側を地面につける」やり方だが、まれに手のひらを地面に着いて歩くこともある。こういった行動の違いを言葉で説明しても、動物を見たことがない人には伝わりにくいが、映像を用いることで理解しやすくなる（この「ナックル」の例も、映像を見れば一目瞭然である）。映像記録のなかには公開されているのもあり、たとえばさまざまな動物の行動を見ることができる「動物行動の映像データベース」というウェブサイトがある。またチンパンジーでは、多様な行動の映像を項目ごとに収録したＤＶＤ付きの行動目録が、西田利貞らによって出版されている。

こういった映像をつなぎ合わせることで、教育目的の映像資料を作成することもできる。たとえば「チンパンジーの一日の行動」とか「チンパンジーの多様な遊び」、「採食と種子散布」など、テーマに沿って映像を選んでつなぎあわせることで、ひとつの映像番組が完成する。こういった映像資料は、博物館の展示や、授業科目の理解を助けるツールとして活用されている。

映像記録をもちいた比較研究も行われている。たとえば田中伊知郎は、長野県地獄谷のニホンザルが行う毛づくろいを、デジタルビデオカメラを用いて詳細に分析した。毛づくろいとは体毛に付着したシラミやシラミの卵を指で取り除く一連の動作のことであるが、映像を用いた詳細な分析の結果、家系によってこの動作の指使いが異なっていることをあきらかにしている。また西田らは映像を用いてチンパンジーの集団間比較や、チンパンジーとボノボとの比較研究を行い、地域によって道具使用行動や社会行動が異なることをあきらかにしている。映像記録を個体間、地域間、世代間で比較することで、動物たちの個性やその土地の文化、その時代の流行を見出すことが可能になる。

行動分析

映像を研究テーマに沿ったデータ収集の手段として用いることもある。私は嵐山のニホンザルや、マハレのチンパンジーを対象に、毛づくろいの分析に映像を利用していた。毛づくろいでシラミを取り除いて体をきれいにする効果について、映像を用いて量的評価を行ったのである。フィールドで、人に慣れたニホンザルやチンパンジーとともに歩き、彼らの行う毛づくろいをデジタルビデオカメラ（SONY DCR-PC7, PC-110）で撮影した。そして、その映像を研究室で再生し、手で毛をかき分ける行動の回数やシラミなどを取り除く行動の回数を、個体ごとに、頭や背中といった体の部位ごとに分けて記録した。

映像の利点は、すばやい手の動きをスロー再生で正確に数えることができることと、時刻表示機能を用いて秒単位の正確な時間を測ることができる点である。ビデオカメラの機種にもよるが、1秒間に30フレーム撮影するビデオなら、30分の1秒まで細かく測ることも可能である。さらにこの研究では毛づくろいをしている個体の視線にも注目し、ニホンザルもチンパンジーも毛づくろいで手を動かしていているときにはよそ見せず、かき分けられている毛を注視していることもあきらかになった。これもまた、肉眼で観察するのが難しい調査項目のひとつである。

見えないものを見る

最近、私が研究テーマにしているのは、野生チンパンジーの夜の生活である。チンパンジーは、昼間に山を歩きまわり、夜は木の上で枝を折り曲げてつくったベッドで眠るのが日常である。しかし、ときどき深夜に森のなかからチンパンジーの大きな声が聞こえてくることがある。この夜のお祭り騒ぎはいったい何の騒ぎなのか、その声に魅かれて研究を始めたわけである。

しかし、夜の森は暗い。月夜だと、歩けるくらいの明るさはあるが、真っ黒な体毛をもつチンパンジーの観察は難しい。そこで私は映像を用いた観察を行っている。

夜間撮影にはさまざまな機材（たとえば写真3）が必要で、10 kgほどとけっこう重く、持ち運ぶのに疲れる。撮影は市販のデジタルビデオカメラ（私が使用したのはSony DCR-TRV8）に搭載されている夜間撮影モード（光の赤外線領域を写す機能）を使うのだが、遠距離ではっきりと写らない場合は、目には見えない赤外線を出す投光器を使って照らす必要がある（たとえばHoga IRL-C5-170-880）。この赤外線投光器は、普通の投光器と同様に大容量の電力が必要で、私はバイ

写真3　夜間撮影の装置

クのシールドバッテリーをつなげたのだが、これが重い。ビデオカメラ、赤外線投光器、バッテリー、三脚などを担いで歩き、小高い丘に登り、そして一晩をチンパンジーとともにしたのである。

チンパンジーの夜間観察は、想像以上に難しい。高さ6～20mにつくったベッドの上のチンパンジーを観察するためには、それよりも高い位置にある小高い丘を探す必要がある。しかしそんなに都合よくチンパンジーが寝ているのを見下ろせるポイントを見つけられることはほとんどなく、2カ月の調査のうち二晩だけしか撮影できなかった。しかしその観察で、チンパンジーが夜間に糞をしたり、ベッドから降りていくという貴重な映像を撮影することができた。

フィールドで撮影するということ

「夜に一人でチンパンジーを観察している」という話をすると、ビデオカメラを設置して、そのビデオを再観察するのなら、撮影現場にいなくてもよいではないか、というご意見をいただくことがある。私がわざわざその場にいるのには理由があり、それはフィールドでしか感じることのできない直接観察を大切にしたいからである。

映像は再観察するときに有効な手段であるが、再観察には限界があることに注意が必要である。繰り返し観察できるのは、撮影された範囲内の空間と時間のなかの、「色」と「音」だけである。画角からはずれて「写っていない」空間と時間や、あるいは湿度や臭い、周りのチンパンジーの緊張感といった「写りえない」できごとは、現場でしか感じることができない。夜の観察では現場にいることで、地上を徘徊する夜行性動物や、夜半に降り出した雨の冷たさなど、ビデオカメラに写らない情報を手に入れることができた。こうした情報は、ノートに書くか、ビデオに吹き込んで、別途、記録している。このようなフィールドでの直接観察と、映像による再観察を織り成すことで、霊長類の行動をより詳細に理解することができると考えている。

野生動物の観察で映像が用いられる頻度は、ここ数年で格段に増えている。技術の進歩により撮影装置の自動化も進んでおり、そういった装置を用いることで、さまざまな発見がもたらされている。しかし装置や技術に頼った映像には、何か大切なものが抜け落ちているような気がする。フィールドは、観察者のセンス（五官の感覚や、感じ方）が試される場所である。ある画角の「色」と「音」だけを機械任せで撮影するのは、フィールドでさまざまな感覚をつかって感じることのできる機会を失うことでもある。映像はあくまでフィールドワークのひとつの記録媒体にすぎない、ということを心に留めておく必要がある。言い換えれば、それくらい、映像には説得力があり、圧倒的な魅力があるのだ。

参考文献

田中伊知郎（２００２）『「知恵」はどう伝わるか――ニホンザルの親から子へ渡るもの』京都大学学術出版会.
Nishida T, Zamma K, Matsusaka T, Inaba A, McGrew WC (2010) *Chimpanzee Behavior in the Wild*. Springer, Tokyo.
Zamma K (2011) Responses of Chimpanzees to a Python. Pan Africa News 18: 13-15. http://mahale.main.jp/PAN/18_2/18(2)_01.html
動物行動の映像データベース /Movie Arichives of Animal Behaviour（http://www.momo-p.com/）

5 南極湖沼に棲息する謎の植物を追って

映像を活用した調査・研究とその意義

田邊 優貴子
TANABE Yukiko

南極湖沼という不思議なフィールド

南極の一般的なイメージ。それは、雪と氷に覆われ、人間はおろか生物を寄せつけない白い大陸だろう。南極大陸上の縁辺には、露岩域とよばれる大陸氷床に覆われていない大陸岩盤が露出した地帯が存在しており、その面積は南極大陸の2〜3%といわれている。この露岩域は、南極大陸上で生物が棲息できる限られた場所であるが、極低温かつ極端な乾燥という、生物が生命活動を行うにはきわめて過酷な環境だ。そのため、南極大陸の陸上生態系はきわめて乏しく、まるで火星のような岩石砂漠の風景が広がっている。辛うじて、コケ、藻類、地衣類がわずかに見つかるくらいのものだ。

夏の間、露岩域上にはペンギン、海鳥類が集団で営巣し繁殖をし、アザラシもやってくるが、彼らは夏が終わると南極大陸を離れる。彼らが依存している餌はナンキョクオキアミや魚といった海由来のもの。そのため、彼らは陸上生態系ではなく、海洋生態系に属する生物たちなのだ。

あまり知られていないことだが、南極の露岩域には多数の湖沼が存在しており、大小さまざま、水質もさまざまな湖が昭和基地周辺だけで100個以上も点在している（図1、写真1）。

「南極の湖」というと、南極に湖があるの？でも、どうせ、真っ白な雪と氷に覆われた湖でしょ？とよく聞かれる。しかしそうではない。確かに昭和周辺の湖は、１年のほとんどを氷と雪で覆われているが、天候がよければ２週間〜１カ月ほどはその氷が解けて、湖面が顔をのぞかせる。真冬になると気温は最低マイナス40℃まで低下し、湖にも分厚い氷が張る。といっても、湖の氷は最大で２ｍ程度にしか発達しない。外気温がマイナス40℃のなか、厚さ２ｍの氷の下には０℃よりも温かい液体の状態の水が存在する。外気温との差は40℃。つまり、気温５℃くらいの東京の冬に、40℃の露天風呂に入るよりも温度差があるというわけだ。

そして、南極の湖のなかには、岩石砂漠もしくは氷の砂漠のような陸上とはまったく違った世界が広がっている。湖底一面を覆うほどの豊かな植物群落からなる生態系が広がっているのだ。森か草原のようなその光景

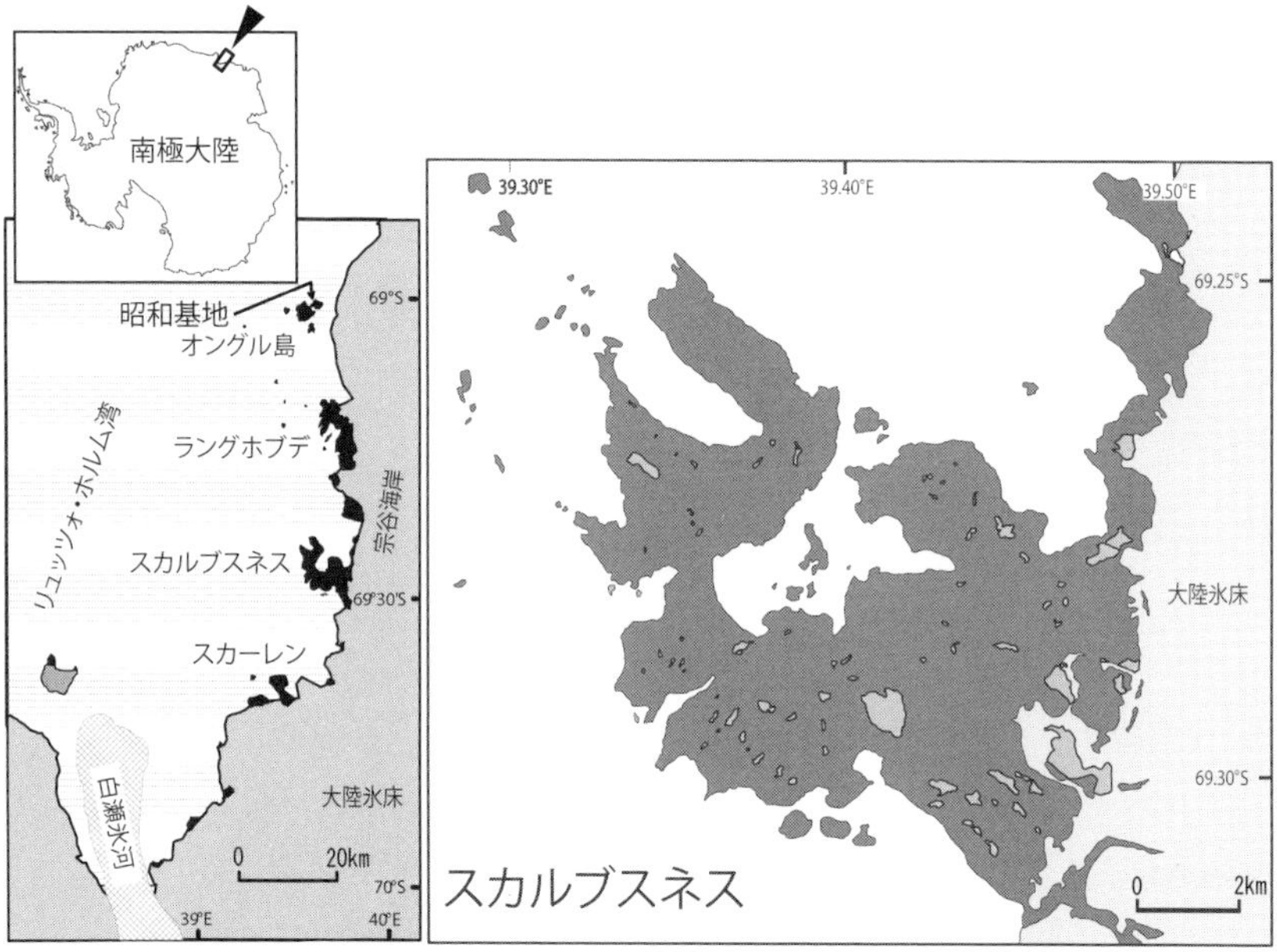

図１　昭和基地周辺の露岩域（左）とスカルブスネスに点在する湖沼群（右）
左図：露岩域を黒色で示す．中央部の露岩域を拡大したものが右図．
右図：露岩域のなかに点在する湖沼群を薄網で示す．

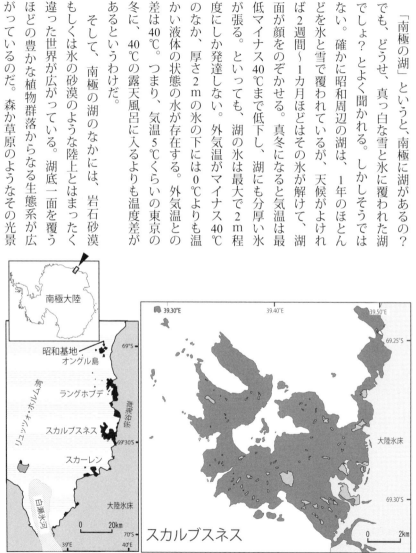

写真 **1**　南極大陸の露岩域上に点在する湖沼群

写真 **2**　南極の湖底一面に広がる植物群落

口絵⑩⑪も参照.

は、はるか昔に朽ち果てた遺跡が苔むしたかのような不思議な雰囲気を漂わせている(写真2)。

南極の湖は数万年前に、最終氷期の終わりとともに氷河が後退して誕生した。南極大陸は人為的活動の影響が地球上で最も少ない地域であり、さらに植物の生長にとって重要な栄養供給が乏しい。極端にシンプルな生態系が成り立っている。南極湖沼生態系は、氷期—間氷期サイクルといった地球規模の大規模な環境変動の影響を受けながら今日まで保持され、湖底には生態系の環境変遷情報が保存されている。近接した湖沼は、同一の時間をかけ、同一の気候条件のもと、湖ごとにそれぞれ独立した生態系が成り立ってきた。近接しているにもかかわらず、その多くは河川や集水域によって繋がったものはほとんどなく、それぞれまったく違った湖底生態系構造となっている。これはまるで、それぞれの湖一つ一つが小宇宙のようなものであり、地球規模の実験場となっているととらえることができる。

環境変動が生態系に与える影響や、生物にとって必須の生元素（炭素、窒素、リンなど）の動態と循環プロセスを理解するうえで、南極湖沼生態系は理想的かつ重要なモデルといえる。また、氷河で削られた当初、無生物環境だったところに生物が侵入し、徐々に増え、現在の豊かで多様な生物からなる生態系へ発達してきた。「生物の進化」というと、ガラパゴス諸島のダーウィンフィンチが有名だ。外から侵入してきたフィンチが、各島々の生態系に適応し、進化したことによって、それぞれ島特有のクチバシの形態になっている。南極湖沼は無生物環境から始まり、極限環境ゆえの強い淘汰圧を受けながら生物が定着、ときに進化し、湖それぞれに特有の生態系に変遷してきた。そんなわけで私は、「小宇宙としての南極湖沼～湖底に広がる森の謎に迫る～」と称して、南極湖沼生態系の変遷、生物の進化、貧栄養環境下での生物多様性を維持する物質循環機構に迫るべく、さらには地球規模の環境変動に対して南極大陸の生態系がどのように応答していくのか、といったテーマを掲げて研究をしている。

ところで、日本の南極観測の拠点である昭和基地はおよそ東経39度、南緯69度のリュツォ・ホルム湾に浮かぶ東オングル島という小島の上に位置する（図1）。南極大陸まではおよそ4㎞。湾沿岸には生物調査のための「生物観測小屋」が、基地から25㎞ほど離れたラングホブデと、50㎞ほど離れたスカルブスネスとよばれる露岩域にある。他にも、ラングホブデのペンギン営巣地にはペンギン観測小屋、また、基地からおよそ80㎞南にある露岩域のスカーレンには居住カブースが湖畔に置かれている（図1）。テントを生活と調査の本拠地として活動するのに比べ、これら小屋を利用する事で、はるかに安全で効率のよい野外研究が実施できるようになってきている。しかし、やはり小屋がないような場所での調査をするときには、テントを利用する。

普通、日本の南極観測隊は昭和基地に滞在して調査・観測をしていると思われがちなのだが、じつはそうではない。昭和基地から離れ、2カ月間ほど隔離されながら2～5人くらいのパーティで、シャワーもトイレもインターネットもない場所でフィールドワークに取り組んでいるのである。もちろん食事も自分たちで作る。私は南極に行って研究するまでは、誰かに依頼することによりデータや試料などを得て研究を進めていたが、実際に自分で現場に行かなければ、決して得ることができなかったであろうものがあった。それは自然科学を研究するうえで重要な、自然現象に対する感動と実感と狙ったものではない発見、さらにそこから広がる探究心だった。

2カ月間にも及ぶフィールドワークが終われば、やり遂げたという達成感はもちろんだが、何にも邪魔されることなく、ただひたすら純粋に研究に没頭できる環境の素晴らしさに、心を奪われている。それこそが南極というフィールドでの野外調査の醍醐味だと私は思うのだ。

似ているようで違う南極と北極

私は南極をメインのフィールドとしているが、北極や、たまにウガンダの山や国内でも野外調査をする。南極と北極、じつは似ているようでけっこう違う。気候、生態系、研究内容や調査方法などいろいろな点で違いがあるので、そのいくつかを紹介しよう。

普通、「北極」といっても人によって思い浮かべる場所は違うだろう。北極圏に領土をもつ国は全部で8カ国。アメリカ、カナダ、ロシア、ノルウェー、スウェーデン、フィンランド、アイスランド、デンマーク（本土ではなくグリーンランド）。陸地ではなく、北極海や北極点を思い浮かべる人もいるかもしれない。私の調査地は、ノルウェー北端の町・トロムソからさらに北へ１０００kmほど、北緯80度あたりに浮かぶスヴァールバル諸島のスピッツベルゲン島にあるニーオルスンという国際研究村だ（口絵⑫、図2）。南極・昭和基地へは日本を出発してから1カ月もかけて辿り着くのに、なんと北極・ニーオルスンには日本から3～4日間で着いてしまう。嬉しい半面、なんだか世界が狭くなってしまったような気がしてちょっと寂しくもある。ただ、やはり比較的調査地へ早くたどり着けるのは、効率的かつ頻繁に調査をすることができるので、研究を進めるにあたって大きなアドバンテージだと思う。

南緯69度の昭和基地に比べて、ニーオルスンは北緯79度。年間の平均気温は昭和基地がマイナス10・4℃で、ニーオルスンがマイナス6・2℃。緯度で10度も高緯度に位置するのに、ニーオルスンの方が4℃も暖かい。さらに、南極と比べると、北極はまるでトロピカルの世界のようで、陸の上に

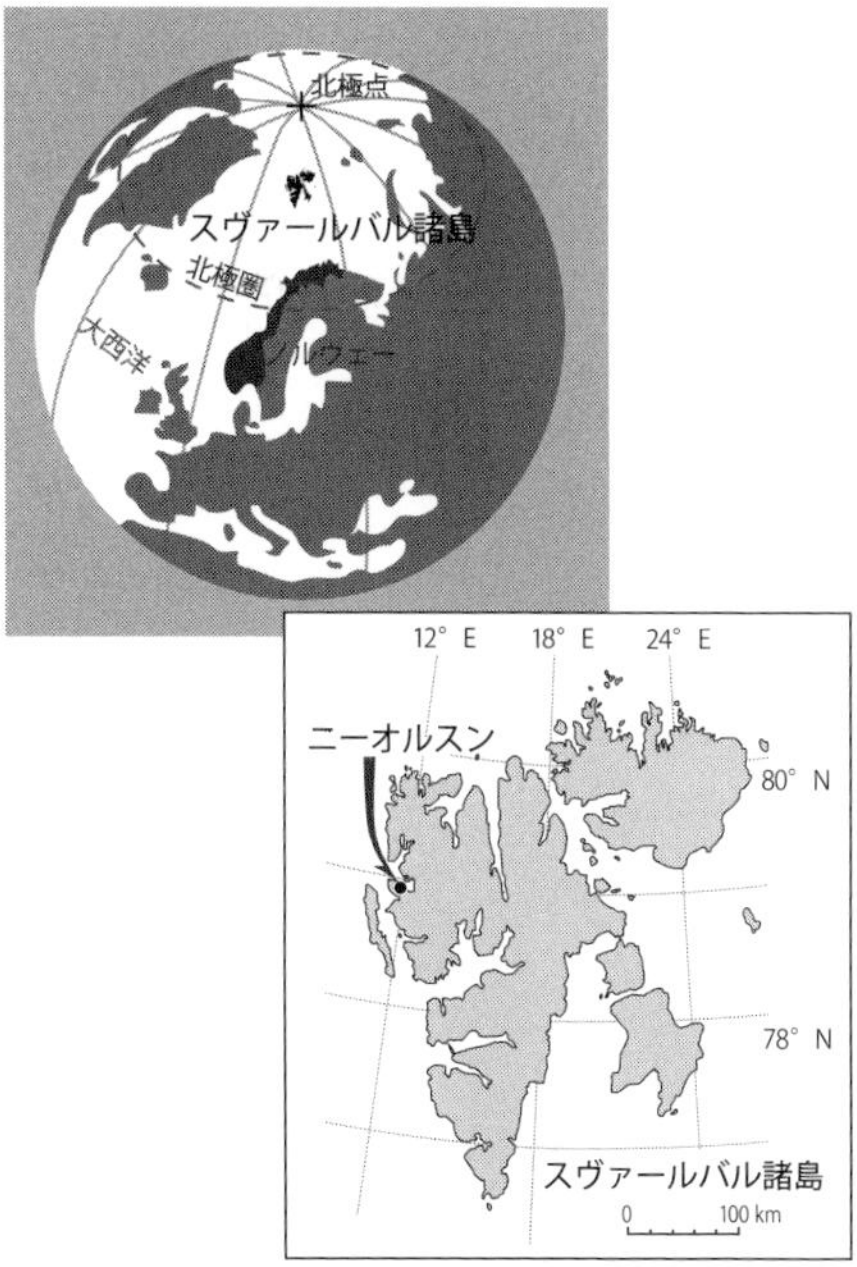

図2　スヴァールバル諸島（左上）とニーオルスン国際研究村（右下）の位置

はコケ・地衣類・藻類の他に高等植物も数多く生えているため、ツンドラの大地は一面フカフカのカーペットだ。

私は南極でも北極でも植物（といっても、南極では藻類やコケなどの光合成をする小さな生物のことだが）を研究している。にもかかわらず、南極と北極ではずいぶんと調査のスタイルも違う。最も大きな違いは、南極では湖のなかの植物、北極では陸のうえの植物を対象にしていること。次に、それぞれで棲息している動物相がまったく異なることだ。

陸上での調査に必要な道具は、根掘り、ヘラ、バット、細引きロープ、折れ尺、ポリ瓶、チャック付きビニール袋、ペグ、温湿度ロガー、水分計、各種計測機器類など。それらをザックに入れて調査地全体を歩きまわりながら、機器を設置したり、その場で何点も測定したり、試料を採集したり、といった作業をする。持ち帰る試料は基本的に、土壌と植物がほとんどで、たまに水もある。植物は軽いが、土壌がけっこう重い。頑張れば頑張るほど（調査点数を増やせば）、帰り道にザックがずしりと肩にのしかかる。とはいえ、なんとか単独でも調査できる荷物の量なので、ある程度小回りが利くし、チームワークはさほど必要ない。

一方、湖の調査のための必須道具は、ボート、ロープ、フロート、水深計、採水器、水質計、採泥器など、陸上調査に比べるとちょっと大型のものが多い。それらを背負子で担いで湖まで歩き、湖岸でボートを膨らませ、機器の設定や準備をしてから出港し、オールを使って水面を自在に動きまわって作業をする。持ち帰る試料は基本的に、湖水と90％以上も水を含んだ湖底の植物。たとえば1日に2つの湖をめぐって、水試料2リットルと湖底試料5リットルずつ採集したとすると、帰り道には14kgくらい荷物が増えることになる。これがなかなか重いのである。調査道具も試料も陸上調査よりも多くて重いため、最低でも2名チームでの調査が必要だ。贅沢をいえば3名欲しい。そうなると、チームワークはかなり重要になってくる。

調査道具は違えど、どちらも調査をするために運ぶものという点で目的は同じだろう。何より、調査場所が水と陸だからこそ道具が異なるだけだ。ところが、それぞれの野外調査の持ち物で一つだけまったく目的が異にするものがある。北極でしか持参しないもの…それはライフル。南極では人間を襲うような動物はいないが、北極にはホッキョクグマがいる。残念ながら（？）私は野外調査中にホッキョクグマに出会ったことはまだないが、何しろ彼らは時速50㎞ほどで走れるという。自分の視界にホッキョクグマが見え、襲ってきたら、その時点で丸腰ではもはや助からないらしいのだ。視界が悪い場所で調査しているときなど、今ここで現れたら一巻の終わりだ…と想像して身震いすることもある。アラスカや知床でヒグマに出会った瞬間の、ピンと凍りつくような緊張感を思えば、ホッキョクグマならなおさらのことだろうと思う。

湖のなかに潜入　～潜水調査と水中映像撮影～

湖の調査をする場合、普通はボート上からの調査をする。ボート上からの調査はそのときの研究内容によって異なるが、主に水深ごとに環境データ（水温、pH、塩分濃度、酸素濃度、植物プランクトン濃度、酸化還元電位など）を測定したり、特定の水深から水を採取したり、湖底の生物試料を採集したりという作業をする。ボートを漕ぎながら自由自在に動きまわり、決まった項目の調査をできるので、水中の調査にとって非常に効率的な方法だ。しかし、ボート上、つまり水面からの調査だけではできないこともあるため、ときに私は南極の湖で潜水調査を行ってきた。水中において自分の目で観察しながら試料採集や各種測定をし、さらには水中の様子を映像・写真として撮影するためだ。この「自分の目で観察しながら」という点が潜水調査の重要な意義である。
これまで3度の南極調査のうち、合計3つの湖に潜った。湖底の植物はボート上からでも採集できるが、「狙ったもの」を「形を崩さず」に採取するには潜水しなければかなり難しい。また、自然条件下のままで植物の光合成を測定するには、潜水して直接作業をしなければ不可能だ。もちろん、潜水しなければ、自らの研究対象である生物が棲息している場の様子を視覚情報としてとらえることができない。

夏の時期、南極の湖は水温2〜5℃、気温はマイナス5〜5℃くらいである。水の入り込まないドライスーツ、内側にはフリースのつなぎを着用し、エアタンクを担いでスキューバダイビングをする。ドライスーツのおかげで身体が冷たい水で濡れることはないが、首から上と手の2カ所だけはウェットスーツ素材のフードとグローブのため、水にさらされることになる。入水直後は、頭と顔が締めつけられるような冷たさを感じるが、意外とすぐに慣れてしまう。しかし、40分もすると体温が下がり震えが出てきて、1時間の潜水作業が終わるころには手に力が入らず、自力でグローブを脱ぐこともできなくなってしまう。

南極の湖で初めて潜水調査をしたのは2度目の南極行の時で、対象は「長池」という湖だった。岸から岸までの長さが約500m、幅が約100m、最大水深が約10mの淡水湖であり、それまでに散々ボート上から何度も調査をしていた。おかげで私はその湖のことをなんでも知っていると思っていた。が、これは単なる思い込みだったということを、潜水調査によって思い知らされた。水中に潜り、湖底に近づいていくと、上から見下ろす平面的な視野からどんどん立体的な視野へと変わっていった。湖底に到着したとき、私は驚いて水中で叫び出していた。南極の湖底にはまるで森のような光景が広がっていたのだ。タケノコのような円錐状の不思議な構造物で、あたり一面が埋め尽くされていた(写真2)。

この潜水調査の際、水中での作業の様子はもちろん、不思議な植物が棲息する様子や水中の様子を映像としておさめた。使用した機材は、ハードディスク内臓のハイビジョンビデオカメラ（HDR-XR-520V, SONY 製）と水中ハウジング（シーツール XR500 PRO ハウジング、株式会社フィッシュアイ製）である。湖の調査で得られた測定データや試料の分析データを用いて、いくら学術論文を書いてもこの水中の世界を完全には表現することができないし、他者へ伝えることはとても難しい。しかし、映像を用いることによって、研究データという科学的な裏づけと相補的に、研究対象そのものを、また、研究対象の棲息する環境を、視覚を中心とした人間の感覚としてとらえること、説明することができた。

長期インターバル撮影のためのビデオシステムの開発と設置

南極の湖に潜水し、試料の採集、現場測定、直接観察と映像記録をすることによって、さまざまな科学的成果が得られている。しかし、潜水調査によって得られるデータは実際に潜水した日、もしくはせいぜい夏のものだけである。生物はいくつかの周期で生理現象・生命活動が変動、つまり時間によって生活リズムが変化する。身近なところでいえば、睡眠と覚醒のリズムであり、私たちヒトのような昼行性の生物もいれば、自然界には数多くの夜行性の生物もいる。また、動物プランクトンの多くは日中に水深の深い場所に沈み、夜になると浅い場所に浮上する。これらはほぼ24時間単位の日周リズムの例であるが、その他にも、潮汐の変化に対応した月周リズム、季節の変化に対応した年周リズムもある。

これまでの私たちの南極での研究成果から、湖底の植物群落は多様な種の生物が共存して形成されていることや、個々の種の生長が光環境に強く依存していることがわかり、長い時間をかけて生長し、できあがったことが推定された。しかしながら、もっと長期的な植物の季節変化や生長の過程はもちろん、生長速度さえも未だわかっていない。そこで、湖底植物群落が生長する様子を明らかにするために、長期間にわたって映像を記録し変化をとらえることを試みている。

まずは1年間にわたる様子をとらえるべく、水中でインターバル撮影をするビデオカメラシステムを開発することにした。日油技研工業株式会社と共同で長期連続インターバル撮影可能なシステムの開発に取り組み、２００４年に初めて南極の湖底に設置するに至った。ところが、相次ぐトラブルやさまざまな問題により水中の長期連続インターバル撮影は失敗に終わった。①湖底があまりにも柔らかいために、ビデオ装置が徐々に沈み込んで傾き、最終的に転倒してしまったこと、②約10日間にわたって動作したが、電源の電圧低下により作動停止してしまったこと、が原因であった。その後、これらを解決するために、転倒防止策としてビデオシステムの下にメッシュ状の設置板を取りつけ、さらに待機電力の消費を抑えたシステムに改良した（写真3）。

写真3　長期インターバル撮影のための水中ビデオカメラシステム前面（上）と全体（下）

２００７年にこの改良型のビデオシステムを設置し、1年後の２００８年に回収をした。すると、1度目で生じた問題はすべて改善していたが、ビデオレンズが汚濁するのを除去するために取りつけていたワイパーの不具合により、レンズの中心部でワイパーが停止していた。これにより撮影された映像画面のほとんどをワイパーが覆ってしまったうえ、オートフォーカスがワイパーに合い、ワイパーで覆われていないわずかなエリアもピントが大幅にずれた映像となってしまった。また、撮影時には外部に取りつけたＬＥＤが発光するように設計していたものの、太陽が一日中昇らない冬の極夜期の撮影感度不足も判明し、このときも湖底植物の生長の記録を得ることができなかった。しかし、これらは1年間設置したことにより表出した問題点ばかりであり、確実に前進しているという手応えがあった。

2度目の問題点を解決すべく、ビデオシステムをいくつか改良した。これまでのビデオシステムではカセットテープ（ミニＤＶカセット）を記録メディアにした有効画素数が69万という今となっては画質の粗いビデオカメラ（DCR-PC101K, SONY 製）を使用していたが、ハードディスク型の４１５万画素というハイビジョン画質のビデオカメラ（HDR-XR520V, SONY 製）に変更した。また、市販の水中ハウジングをこれまで使用していたが、水中ハウジング自体を新しく開発した。これにより、最低被写体照度が15ルクスから3ルクスに、消費電力が４・０Ｗから３・８Ｗになり、リモコン操作によって水中でマニュアルフォーカスでピントを合わせることを可能にした。つまり、新型システムは、①消費電力を抑えたうえに、②高感度で高画質の映像を、③マニュアルフォーカスで、撮影できるものになった。さらに、ワイパー不具合の原因を追求したところ、ワイパーの可動軸部分に砂が噛み込んだことにより、ギアに過大な力がかかってしまい破損して停止していたことが判明した。これについては、可動部に砂塵が入り込まないように防塵し、密封梱包した状態で設置現場まで輸送し、水中での沈降物の噛み込みを防ぐためにシステム上部に防塵カバーを取りつけて対処した。

以上のシステムに改良し、合計2基を2010年に3度目の設置を実施した。水中での潜水作業により、ファインダーをのぞきながら撮影対象に方角を合わせ、マニュアルフォーカスによって慎重にピントを調整した。1年間の設置の後、2011年に回収をした。回収したビデオカメラのデータを確認したところ、2基のうち1基は1年間の撮影に成功し、もう1基は途中で記録停止していたものの6カ月間の撮影データがおさめられていた。

かくして、開発から足掛け9年にして、まだいくつかの問題は残っていたが、やっと1年間のインターバル撮影に成功したのだった（写真4）。その後、再度問題を微調整して2012年に2年間撮影可能なシステムに改良し、4度目の設置をした。現在もなお、水中の世界を撮影し続けているはずである。これは2014年に回収することになっている。

写真4　潜水調査により南極の湖底で長期インターバル撮影ビデオカメラシステムを設置・調整している様子

自然科学の野外調査・研究における映像活用の意義とは？

私たち自然科学系の野外調査や研究において、「映像」というものがどんな意義をもつのだろうか。生物を対象にした研究ならば、目で直接観察可能な研究対象、たとえば哺乳類や鳥類や魚類など、ある程度大きな動物の場合に最も活用しやすいだろう。彼らの動き、個体数の動態、生息範囲、生態そのものなどだ。また、陸上での植物を対象にした場合、フェノロジー（発芽、葉が開く、生長する、花が咲く、種をつける、種の散布、落葉といった季節的な状態の変化）や、分布の変化などを追跡することができる。しかも陸上での研究の場合は、ある程度単純で安価なカメラを設置して撮影することが可能だ。また、陸上の植物の場合、さほどダイナミックな動きをすることはないため、映像として記録する必要はあまりない。スチールカメラでのインターバル撮影で充分足りることが多い。

水中の世界の場合、もちろんスチール写真だけでも重要ではあるが、陸上の世界に比べて映像の活用がとくに強い力を発揮する。第一に、水中世界は普段直接目にすることができないこと。第二に、水中世界は陸上世界よりもダイナミックな三次元の動きがあることだろう。

第一については、潜水によって水中世界を映像としてとらえ他者に対して視覚という感覚で伝えることができる点、潜水しなくともボート上からビデオカメラを下ろして水中世界を撮影することによって映像を通して間接的に観察することができる点で意義がある。第二については、写真ではなく映像として記録することの、最も意義ある点だと私は考えている。たとえば、私たちが南極の湖底に1年間設置したビデオカメラで得られた映像がある。当初は、湖底の植物群落の1年間の生長の様子をとらえることを目的として開発し設置したものだった。これによって、植物群落の生長がきわめて遅いものだということが確かにわかり、また、白夜と極夜という1年間の明暗パターンに応答した植物の生長だけでなく、分解者（細菌類・真菌類などの微生物）の活動についての知見も得られてきた。しかし、もう一つ、不思議な現象が映像から発見された。冬になると南極の湖は最大2mほどの氷が表面に発達する。南極の湖に限らず、表面に厚い氷が張り、水中に太陽光が入ってこない時期には、湖内の水に動きはないと当たり前にいわれてきた。ところが、氷が分厚く張った真っ暗な極夜期、映像に写っていたのは、湖底の植物群落がユラユラと踊るように揺れる姿だった。その揺れる映像は極夜期に不連続で起こり、1日間だけのこともあれば、2日間続くこともあった。暗闇の、水に動きのないはずの期間に何が起きているのだろう？　まさか植物群落が自力で動いている？　私はその映像に目を疑い、何度も何度もそのシーンを繰り返し見直した。

それからしばらくしてこの現象が何なのか明らかになった。幸いにも、湖の近く、地上に気象観測システムを設置していた。また、水中にもいくつもの水深ごとに水温ロガーを設置していた。その環境データと水中映像の日時を照らし合わせながら、データを解析していくと、ちょうど植物群落が揺れている日に、地上ではブリザードが発生し、水温が上下で一致していた。つまり、水が鉛直的に混じっているということだ。ブリザードによって瞬間風速40～50m/sもの強風が間欠的に吹きつける。しかし、湖の表面は分厚い氷で塞がれているので、強風によって水が撹拌されることは考えられない。ではどういうことなのか。それは、ブリザードというものすごい強風が湖面の氷にぶつかり、湖の内部に振動が生じるというメカニズムだった。つまり、強風が湖面の氷を太鼓のように叩いているようなものである。これによって、「表面に氷が張って水中に光が入射しない時期は、湖内の水に動きがない」という定説を覆すこととなった。新発見である。これはもし、スチール写真のインターバル撮影だけならば発見できなかった現象で、「ダイナミックな動きがある水中世界だからこそ映像撮影することに意義があるのだ」と証明できたことの一つといえる。

以上のことから、自然科学系のとくにフィールドで調査・研究をする分野において、持ち帰った試料を実験室内で分析・実験すること、自然環境を現場で測定・観測することの他に、ときには映像を活用することによって、相補的に研究を進め、新しい知の世界を開くことができると考えている。そしてもう一つ、映像の最も重要な利点は、視覚という人間の感覚の一つを中心とした感覚で、自然現象や自然環境を瞬間的にとらえることができることである。一見、お互いに直接かかわり合ってないような無限の情報を、次元も階層も超えた処理の方法によって、脳のなかで瞬時につなぎ合わせて、一つの物事としてとらえ、おさめてしまうことができるのだ。

こういった学術的な意義のほかに、社会的な意義も多分にある。ここ最近、私が一般向けに講演をする機会が徐々に増え、この3～4年間で平均して1年に10回ほどの頻度になっている。研究者ではない一般の人たちや小中高校生に、自然科学のおもしろさ・不思議さを伝えるとき、何よりも大きな力をもつのは写真や映像である。どんな図表データを提示するよりも、映像を見せることによって、目を輝かせながら見入ったり、そこから何かを考えたりする。視覚という感覚だけではない、その場の匂いや湿度や音を想像し、追体験をするように映像の世界に入り込んでいく。

5年ほど前まで、あまり一般向けの講演をすることがなかったころには、野外調査で映像を撮影するということをさほど意識して取り組んでいなかった。けれど最近では、調査そのもの、自然風景、おもしろい自然現象、生き物たちの様子、自分たちの生活風景、いろいろなものを映像としておさめ、一般向け講演の際に使用するようになった。

私は今でこそ普通に南極・北極へ調査に行く研究者になっているが、極地の自然に強く惹きつけられたのは、ある映像がきっかけだった。小学校低学年の時、自宅で見ていたテレビからアラスカかシベリアの自然の映像が偶然、目に飛び込んできた。そこにあったのはオーロラやカリブーやヒグマやハクトウワシ、氷河の海とツンドラの原野だった。目の前の映像に釘づけになり、わぁっと何かが頭を突き抜け、世界が広がったような気がした。それから紆余曲折あったものの、こうやって私は極地の自然を相手に研究をする道を歩んでいる。あの映像に出会っていなければ、もしかしたら私は極地自然科学者になっていなかったのかもしれない。それほどまでにあの映像は、子どものころの私に対して、私の人生に対して、大きな力をもって語りかけてきた。

物質として実利的に社会に還元できる研究分野は、一般の人たちにとってわかりやすいが、私たちのような実利的ではない分野において、科学者はただ研究をして科学者の閉じた世界だけ学術的成果を発表していくだけでなく、外の世界、つまり社会に対して成果やおもしろさを伝えていかなければならない。誰も見たことのない世界・経験・感動を多くの人に知ってもらわなければいけない。フィールドワークによって、自らの身体で遥か遠い日常とかけ離れた自然・社会が存在する場所へ行って研究をし、科学的な成果とともに、映像を活用することによって、サイエンスコミュニケーションのツールとして社会と対話していくことが必要なのだ。

一人でも多くの人に感じてもらえるように、次世代を担う若者・子どもたちすべてに対して知ってもらうチャンスをつくり続けることができる未来のために、現場のことを伝える努力を続けていくことこそ、私たちフィールドワークにかかわる人間が目指すべき方向だと思っている。

Column 2

自然特有の動きを収めた画像を人が認識しやすい動画映像に変換する

中村一樹
NAKAMURA Kazuki

「うわー、これは凄い」。私と星野リゾートトマムのスタッフ数名が、データ回収したばかりのトマムの雲海の写真画像を動画にして初めてトマム山のゴンドラ山頂駅観測室内で見た瞬間に発した歓声である。トマム山は北海道中央部の占冠村に位置する標高１２３９ｍの山で、冬はスキー場として有名であるが、最近は夏シーズンの観光客が増えている。夏の観光客のほとんどは、トマム山のゴンドラ山頂駅がある標高１０８８ｍ地点に設置されている雲海テラスからの雲海の眺めを目当てに、トマムにやってくる。雲海は早朝に発生することが多いので、ゴンドラは4時30分（5時または6時からの時期もある）から8時に運行され、早朝から観光客が素晴らしい風景を求めて雲海テラスに上がってくる。この雲海発生のメカニズムを科学的に解明するために、私たちはゴンドラ山頂駅にカメラを設置し、雲の動きを撮影していた。

トマムの雲海

空を一瞬眺めても、雲の動きを感じることは難しい。じっと見ているとゆっくりと流れる雲を確認できる。なかにはほとんど移動していないように見える雲もある。しかし、このような停滞しているように見える雲も、実際は時々刻々と姿を変えている。雲の動き方はとても興味深い。ゆっくりと横方向に動く雲、上の方向に伸びていく雲、上と下で雲の動きが違う場合もある。人の目ではわかりづらいゆっくりとした雲の動きを撮影するにはどうしたらよいだろうか。さらに映像を見た人が雲の動きをわかりやすく認識するにはどうしたらよいだろうか。

年間を通じた雲海の発生消滅をとらえるためには、少なくとも1年間の日中時間帯すべてを記録する必要があった。ビデオ映像で記録するのは簡単だが、膨大なデータ量となる。一方、雲の動きを効果的に把握するには、やはり動画映像が一番わかりやすい。私たちは、これらの制約条件を考慮して、効率的で効果的なトマムの雲海の撮影法を考え、最終的な結論は次のような方法であった。

早朝の3時から夜の20時までの1分間ごとにデジタル写真をインターバル撮影し、それを連続動画映像にするというものである。こうすることで、データ量の増大を押さえながら、精密な画像を撮影でき、かつ、雲の動きをとらえることが期待された。

初めて回収したデータは、お客さんが来る夏シーズン前の2010年5月に撮影した1カ月分の雲海の画像であった。繋ぎ合

写真1　トマムの雲海（口絵⑤参照）

写真2　雲海撮影のために設置したカメラ

せて動画映像にすると、そこには想像以上の雲の動きがあった。ある日の雲海は、まるで本物の海の波のように打ち寄せてくる雲があり、時々まるで波しぶきのように跳ね上がる。別の日は、ナイアガラの滝よりもスケールの大きい雲の滝が、トマム山の東の十勝平野側から日高山脈を越えて目の前のトマムの盆地に流れ込んでいた。また別の日には、盆地の底に低い雲海が発生し、太陽が昇るにつれて雲の高度が上がり、やがて雲海が消滅していく様子をとらえることができていた。

具体的な撮影機材を紹介する。トマム山で雲海を撮影した機材は、野外観測用のインターバル撮影専用カメラ（ノースワン株式会社画像データ記録装置 KADEC21-EYEII）である。カメラ素子の概要は、カラー CMOS センサー、画素数：1・3Mピクセル（1024 × 1280）、水平角48度、F値2・8、自動露出・オートホワイトバランスなどである。撮影インターバルは1分から24時間まで選択可能で、撮影した画像はCFメモリーカードに JEPG 形式で記録される。市販品は野外に設置してバッテリー駆動で動作させるが、トマム山ではゴンドラ山頂駅の室内に設置でき、AC100V 電源が確保できたので、AC100V 電源仕様のカメラを特注した。そのため、バッテリー寿命を気にすることなく、数カ月ごとにメモリーカードを交換すれば、安定して長期間画像を撮影し続けることができる。

撮影した動画は、画像ビューワーソフトのスライドショー連続再生機能（表示間隔を0・0秒など短い間隔に設定）を使って連続的に閲覧すれば、動画として雲の動きを確認できる。また、JPEG 形式の画像を繋ぎ合せて動画映像にするソフトも存在しているので、これを利用して動画映像を作成し閲覧公開可能である。画像ビューワーソフトと動画映像作成ソフトは、いずれもフリーソフトが利用できる。雲の動きの速さに合わせて1分ごとに撮影した画像を動画映像にすることにより、雲の動きや発生、消滅する様子がよくわかる。

写真3　2012年9月9日のスイス・ローヌ氷河の氷河湖の氷山
10時の状態

写真4　2012年9月9日のスイス・ローヌ氷河の氷河湖の氷山
17時の状態
氷山の位置が変化していることが確認できる.

氷河湖の氷山の移動をとらえた映像

ここに2枚の写真がある（写真3、4）。スイスアルプスに位置するローヌ氷河の氷河湖の画像である。近年ローヌ氷河は後退し続けており、氷河が融解して氷河湖が形成されている。氷河湖には、氷山が浮かんでいる。ローヌ氷河は、これまで北海道大学が氷河の研究や実習でフィールドにしてきた場所であるが、私が同行した２０１２年９月の遠征で、初めてインターバル撮影を実施した。これまで、氷河の変動は調べられていたが、氷山の動きは認知されていなかった。つまり、氷河湖の氷山は、ゆっくりと動くため、あまりその動きは注目されなかったのである。私は、ゆっくりとした雲の動きをとらえるインターバル撮影の経験があったので、氷山の動きも撮影できるのではないかと考えた。近年はインターバル撮影機能を有する市販のデジタルカメラが増えている。ローヌ氷河での撮影も、インターバル撮影機能を有する普通のコンパクトデジタルカメラを使用して行った。1分インターバルで撮影した画像を動画映像にして確認したところ、そこには、ゆっくりと、しかしダイナミックに移動する氷山が映し出されていた。氷河からの融解水の流入が少ない午前中は動かずに停滞しているのであるが、午後から夕方にかけて氷河の融解水の流入が多くなり、氷河湖の水位が上昇してくると、ひとつまたひとつと氷山が動き出し、最終的にすべての氷山が動いていた。今後も北海道大学のチームはローヌ氷河の観測を行う予定である。インターバル撮影を用いた動画映像と氷河および気象・水文観測データの関係の解析を行うことにより、氷河の融解と後退にかかわる新たな知見が得られるのではないかと期待している。

雪崩の発生要因をとらえた映像

雲や氷山など自然の動きの他に、このようなインターバル撮影が定点の映像記録としての価値をもつことを実感した出来事があった。写真5は、２０１２年12月にトマム山のスキー場内で発生した大規模なクラックである。人の背丈以上の深さがあるところもあり、まるで氷河のクレバスのような迫力があった。このようなクラックはやがて全層雪崩を引き起こすことが多く、危険の兆候である。調査した結果、根雪になる一番初めの降雪が湿雪で、湿雪が笹に着雪することによって垂れ下がり、笹が斜面の下の方に向かって倒伏した状態で雪が積もったことが原因で、積雪がとても不安定な状態になっていたことがわかった。まるで笹の滑り台の上に積雪が載っているようなものである。普通の年は笹が立ったまま積雪するので、このようなことは起こらない。実際にこの笹の倒伏が引き金となり、２０１３年３月にトマム山に隣接する山の閉鎖していたゲレンデで全層雪崩が起こった（口絵⑦参照）。

では、なぜこのクラックが笹の倒伏が原因でできたとわかったのか。じつは、雲海観測用のカメラが、笹が倒伏しながら積雪する様子をとらえていた（写真６、７）。映像を見直したときにとても興

写真 5　2012 年 12 月に発生したクラック
左下の人物から大きさがわかる．翌年 3 月に近くの斜面で全層雪崩が発生した．口絵⑥も参照．

写真 6　笹の倒伏発生前日の映像
破線枠は口絵⑧の範囲，↓は倒伏前の笹．

写真 7　笹の倒伏発生当日（2012 年 11 月 14 日）の映像
積雪により笹が倒伏している．口絵⑨に破線枠内の拡大図を示してある．

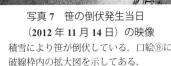

奮したのを覚えている。すぐそばで気象観測も行っていたため、気象データと映像を併せて考察できた。つまり、非常に観測例が少なく、通常の雪崩発生メカニズムとは異なっている「笹の倒伏による全層雪崩の発生のメカニズム」の解明に有益な事例を、映像を通じて科学的にとらえることができたといえる。また、映像記録からクラックの発生原因がはっきりわかったため、爆薬を使用して斜面を安定させるアバランチコントロールや、スキー場パトロール隊によるクラックの動きの監視と危険なゲレンデの閉鎖などの対策を行い、調査の結果をスキー場の安全対策にも役立てていただいた。

他にも、雲海撮影用のインターバル撮影のデータには、美しい幻日や虹などの光学現象、雪崩事故発生日の天候、初雪、根雪、消雪のタイミング、動物の姿など、その地域の貴重な映像が記録されていた。

私と北海道大学低温科学研究所の藤吉康志特任教授らは、トマム山の他に、手稲山、樽前山、羊蹄山、十勝岳、利尻山、岩木山などの山岳で発生する雲の動きや降積雪の様子、そして紋別港の海氷の動きなどをとらえるため、定点の画像撮影と動画映像への変換を行っている。

フィールドでの観測の基本は、まず目で見て認識することである。インターバル撮影と動画への変換による映像化により、人の活動サイクルよりも長い自然の特有の動きを人が認識しやすいように加工する方法は、フィールドワークでの効果的な情報取集の一助となろう。

参考文献

筆保弘徳・芳村 圭・稲津 將・吉野 純・茂木耕作・加藤輝之・三好建正（2013）『天気と気象についてわかっていることいないこと』ベレ出版.

6 音楽・芸能を対象にした民族誌映画の制作と公開をめぐって

エチオピアの音楽職能集団の事例より

川瀬 慈
KAWASE Itsushi

民族誌映画（Ethnographic Film）の制作は、文化の記録・研究という人類学的な命題の追及と、映像表現の探求という、決して容易に相いれることのない力の働きの均衡をさぐる行為に他ならない。

私は主に、エチオピアでのフィールドワークを通して地域社会の音楽・芸能や路上で物売りを行う子どもたち、憑依儀礼などを対象にした民族誌映画の制作を行ってきた。私の場合、作品制作は常に、理路整然とした研究計画や映画のシナリオにもとづくものではない。社会の底辺に位置づけられながらも、したたかに、たくましく生きていく存在や個性に魅了され、それらの人びとに突き動かされるようにすすめられてきたといえる。被写体の人びとは、私の意図を真っ向から覆す力も持ち合わせている。レンズの前で生起する複雑な諸力のスリリングな働きを、人類学的な知見や配慮のもとに共奏させ、映像を通して紡ぎだすとはどういうことなのか、私は常に試行錯誤してきた。

以下ではとくに、ラリベロッチ、アズマリとよばれるエチオピアの音楽職能集団に関する作品の制作事例にもとづき、音楽・芸能を対象にした民族誌映画の制作と公開における自らの立場を明らかにしたい。まずは、私のいくつかの映像作品の主人公になってきたエチオピアの音楽職能集団との出会いについてふりかえってみたい。

エチオピアの音楽職能集団との出会い

私の最初のエチオピア渡航は、米国において同時多発テロがおきた数日後であった。当時アマチュアのミュージシャンとしてバンド活動を行っていた私は、世界が揺れ動くなかで、のんきにアコースティックギターを抱えて、音楽家たちと路上で音楽を通した交流をしようという、軽い気持ちで日本を発ったのを覚えている。カイロを経由してエチオピアの首都アジスアベバに降り立ち、音楽家たちとの出会いをもとめて情報を収集するなかで、多くの人たちから、音楽家が多く活動を行う北部の都市ゴンダール（図1）に赴くよう助言を受けた。

ゴンダールは17世紀から18世紀にかけてエチオピアの首都として栄えた古都である。ゴンダール王朝の時代は、代々の王による統治のもと、建築、文学、絵画が栄えたことで知られる。現在、ユネスコ世界遺産に指定されているファシル城をはじめとする遺跡群によって、ゴンダールは、エチオピアの代表的な観光都市として有名である（写真1）。また、エチオピア北部の代表的な宗教エチオピア正教会の教会が44存在し、同教会に関連する色とりどりの祭礼や儀礼もよく知られている。

写真1　ゴンダール市
2005年，川瀬撮影.

図1　エチオピアのゴンダール市

このゴンダール界隈には、古から代々音楽を担ってきた職能集団が存在する。楽器を用いず声だけで〝門付〟のパフォーマンスを行う吟遊詩人ラリベロッチ、そして弦楽器マシンコを奏で祝祭儀礼や酒場で歌い踊る楽師のアズマリである。これらの集団は、王侯貴族お抱えの楽士、道化師、社会批評家、庶民の意見の代弁者、税の徴収係、戦場で兵士を鼓舞する係、レジスタンス、政権の広報係など、社会的に幅広い文脈で、活動を行ってきた。

ラリベロッチは一切楽器を用いず、男女のペア、あるいは単独による斉唱を行う。男女で斉唱が行われる場合、早朝の民家の軒先で、まず男性が歌を通して家人に金品を催促する。このパートは旋律の起伏が少ない、朗唱に近い様式である。それに続いて女性が、まるでラリベロッチの到来を人びとに告げるサイレンを鳴らすように、歌詞をもたない旋律のパートを歌い上げる。男性、女性のパートが交互に繰り返され、聴き手に施しをせまっていくのである（口絵③参照）。

一方のアズマリは、アムハラの人びとの結婚式、洗礼式などの祝祭儀礼、憑依儀礼、娯楽の場、農作業の場によばれ、弦楽器マシンコの演奏にあわせて歌い踊る（写真2）。近年、アズマリ音楽を専門とする音楽クラブ〝アズマリベット〟が都市部において増える傾向にあり、国内外の音楽プロデューサーによってみいだされ、売りだされ、ポピュラーミュージック界へ参入していくスターアズマリもみうけられるようになっている。ポピュラー音楽界で華々しく活躍するアズマリたちを「成功者モデル」として目標にするようになり、それが近年のアズマリの都市への流出、定住化に拍車をかけ

写真2　弦楽器マシンコを奏で歌うアズマリの男性
2005年，川瀬撮影.

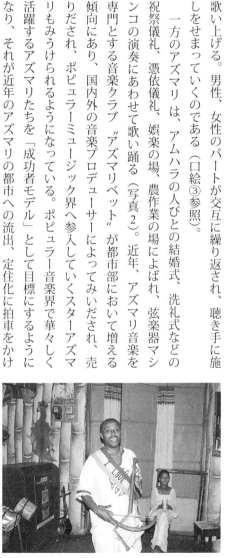

る要因となっている（口絵④参照）。

アズマリ、ラリベロッチ両者のパフォーマンスは、聴き手たちとの豊かな相互行為を軸にダイナミックに展開する。そのため両者のパフォーマンスを固定的かつ完結したテキストの視点からのみ理解するのではなく、状況に合わせて常にたえまなく変化するものとして捉える研究上の必要性があった。

私はこれらの集団とともに行動し暮らすなかで、いままで自分がやってきた自由な表現や創作としての音楽とはまったく異なる音楽のありかたを目の当たりにする。ゴンダールでは、音楽家は鍛冶屋や皮なめし、機織りの職能集団と同等の〝手に職能をもつ人びと〟、アムハラ語でいう〝モヤテンニャ〟という範疇に入れられ、社会的には被差別的な境遇にある。フィールドワークを重ねるなかで、これらの集団を、アーティストとしてのミュージシャンと同じ地平で論じることはできないということに否応なく気づかされ、自らが培ってきた「音楽」を相対化することの必要性について考えさせられた。

アズマリ、ラリベロッチともに、エチオピアの公用語アムハラ語で歌うのであるが両集団ともに、集団内のみで共有される隠語、すなわち他集団には理解できないことば、で会話を行う。隠語の多くの語彙は、なんらかの特定のパターンによってアムハラ語を変形させてつくられる。隠語によるコミュニケーションは両集団のアムハラ語の歌詞と歌詞のあいだをぬうようにしてまじわされる。音楽をベースにした経済活動を他集団に対して有利に展開させていくうえでの不可欠な技能であるといってよい。

両集団は、パフォーマンスが行われる社会背景や、聴衆の容姿や職業にあわせた詩を即興で創作したり、聴衆から投げかけられる歌詞の復唱を頻繁に行う。当初は、私自身が最も惹きつけられた、両集団のパフォーマンスの即興性を分析するために、映像記録をはじめた。撮影したフッテージを日本やエチオピアにおいて自主的な上映会で公開し、人びとからさまざまな反応を得るなかで、完結した映像作品を制作しようという意欲がわいてきた。私自身、映像制作の経験はまったくなかったのであるが、大学で企画される撮影・編集のワークショップに参加したり、テレビ番組制作のアルバイトをするなかで、見様見真似で、映像表現について学んでいったように思う。短い期間ではあったが、映像制作会社ヴィジュアルフォークロアの北村皆雄氏による直接の指導を受けられたことも大きな糧となった。

私の方法論の変遷

民族誌映画は主に、参与観察にもとづくフィールドワークをベースに発展してきたといえる。民族誌映画の演出・表現の次元を追求したジャン・ルーシュや、近年ではトランスジェンダーたちの日常の再演を映画化したヨハネス・ショーバーグなどの例外もあるが、その方法論については撮影時に被写体に極力干渉しない、あるいは、被写体への干渉を極力隠ぺいするスタイルが奨励されてきた。これに対して、私は自らが、被写体の人びとと現地のことばで会話や議論を行い、そのやりとりを作品の主な構成要素にするという方法論をいくつかの作品において探求してきた。これは、制作者の存在や行動を文化事象の一部として組み込み、分析の対象とすることであり、調査者／撮影者の位置・主観を意識的に前景化する過程であったといえる。このような方法論について探求するようになったきっかけは、吟遊詩人ラリベロッチが繰り広げる路上のパフォーマンスを記録した作品『ラリベロッチ――終わりなき祝福を生きる――』の制作にある。

ラリベロッチのパフォーマンスの魅力は、なんといっても路上での人びととの生々しいやりとりである。ラリベロッチは、どこからともなくふらりとやってきて、まだ日が昇る前の、人びとが寝静まっている時間帯に、家々の軒先で大声で歌いはじめる。そして、当然のように金品を受け取ると仰々しい祝福を人びとに与えて去っていく。当集団に対して、町の人びとはさまざまな反応を示す。親しみをこめた挨拶で歌い手を迎え、家のなかにまで招き入れる者もいるかと思えば、まるで犬や猫を追い払うように罵声を浴びせ、石を投げつける者までいる。「うちの者は今、病気で寝込んでいるから」「皆、教会にでかけて留守よ」など、適当な嘘を言ってラリベロッチを追い払う者もいる。しかしながら、ラリベロッチも負けてはいない。人びとの挨拶から、邪険な態度まで、したたかに歌詞のなかに取り入れて、おもしろおかしく歌ってしまうのである。さらに、歌いかける相手に関して、あらかじめ近所の住人たちに一種のリサーチを行い、相手の名前、職業、宗教などの情報を仕入れ、それらを歌に反映させるのである。このしたたかな芸能者とゴンダールの人びとの、まるでコミカルな大衆演劇のようなやりとりに、私は圧倒されたと同時に心底魅了されたのである。

しかしこのラリベロッチの路上のパフォーマンスの映像記録を行うなかで、私は壁にぶち当たる。撮影をはじめた当初は、路上に繰り広げられる人びとのやりとりをただ淡々と〝客観的に〟記録し、映像として抽出できる、とナイーブに考えていた。しかしながら、私の意図とは裏腹に、撮影中の私に対して、被写体の人びとが盛んに話しかけたり、ジョークを言うようになった。それどころか、こちらがあらかじめ撮影対象の歌い手たちに、私やカメラの存在を無視して振る舞うことをお願いしたにもかかわらず、撮影中の私の存在をおもしろおかしく歌詞に取り入れる始末である。このラリベロッチの撮影の経験を経てはじめて、フィールドワークのなかで撮影者である私の存在や主観を排除した映像記録が不可能であることに気づかされた。

この経験以降、いわば私は開き直り、撮影者である自らの存在を、映像のなかに位置づけ、被写体と会話や議論を行い、その様子を作品の主な構成要素にする方法論を模索するようになる。私と被写体の間のやりとり、制作の過程で交わされる議論を映像のなかであえて開示し、撮影プロセス自体を作品のなかに戦略的に写し込み、作品として提示するのである。言うまでもなく、映像の中における自らの存在や立場の表現にこだわりすぎることは、安易な自己表象に帰結してしまう危険性もはらんでいる。

以上の模索のなかから、アズマリの子どもたちのライフコースを記録した『僕らの時代は』という作品を制作した。ゴンダールにおいて音楽職能集団の調査を開始した当初は、外国人である私に対して強い警戒心をもつ大人の音楽家が多かった。しかしながらアズマリの子どもたちは、彼らの社会に関して調査・撮影を行う私に対して、逆に大きな好奇心を抱き、子どもたちの側から積極的に交わってきた。音楽職能集団の子どもたちは、演奏に赴く際に、私の宿を訪ねて、日常の些細な出来事や、仕事の内容に関して話すようになり、いつしか、私の宿は音楽職能集団の子どもたちが戯れる遊び場と化してしまっていた。

アズマリとして生きる日常は決して楽ではない。音楽職能集団への世間の視線は冷ややかであるのみか、楽器を携えて路上を歩くアズマリには、上記のラリベロッチと同様に、時には容赦ない揶揄や罵声が投げかけられる。また、歌う機会を追い求めて酒場を渡り歩いていても、縄張り意識の強い大人のアズマリたちにみつかれば、子どものアズマリは追い払われてしまう。せっかく客をみつけたとしても、演奏技術の拙い子どもには、多くの報酬が払われることは珍しい。それでも決してあきらめることなく、演奏機会を求めて町中を移動し歌い続ける少年たちに対し、私は強い共感とシンパシーを覚えるようになり、カメラを携えて、子どもたちがたくましく生きる姿を追いかけた。そのうち子どもたちと私の間には、一種の連帯意識のような感覚が芽生えていった。

この連帯意識は音楽職能集団のみが共有する隠語を私が習得することによってさらに促進されて

いった。大人のアズマリのなかには、この隠語を私が習得することを当初こころよく思わない者も存在した。しかしながら、私が隠語を理解し話すようになると、私と集団の距離が飛躍的に縮まっていったことは確かである。『僕らの時代は』は、アズマリの少年少女が歩む人生の道程を、２００1年から映像によって数年ごとに記録してゆくプロジェクトであった。本作では、思春期のアズマリの少年2人に焦点をあて、音楽職能を生きる子どもたちの日々の営みとともに、アズマリ集団内部における子どもたちと大人のなわばり争いをめぐる葛藤や将来への夢を、ナレーションや解説字幕を極力廃し、私自身と二人の隠語による対話を中心に描いた。対話を通して、私とアズマリの子どもたちの見解を並置させバランスのとれた視点を提供することを目指した。

各地を移動し、社会的に広い範囲で演奏を要請されてきたアズマリが、特定の店や、ホテルなどの〝専属歌手化〟する動きは、首都のアジスアベバをはじめ、エチオピアの都市部に顕著である。これら、音楽職能集団の都市への定住化に並行して、当集団の音楽活動を支える隠語が若い世代から失われつつある現状がある。アズマリの音楽・芸能の記録という観点のみならず、この隠語によるコミュニケーションのドキュメントとしても、本作が将来有効に活用されることを期待したい。

作品の公開

アズマリの子どもたちの撮影において探求した、撮影者と被写体間の対話を軸にした方法論は〝ストリートチルドレン〟と私のやりとりを描いた『Room 11, Ethiopia Hotel』においてその後さらに深められる。コミュニケーションの証としての映像ナラティブを構築し提示した本作は、多くの国々で上映・議論され、数多くの国際民族誌映画祭に入選を果たした。アズマリやラリベロッチを対象にした作品も、アフリカにおける音楽・芸能の無形文化の映像記録の事例として、映画祭をはじめ、人類学、民族音楽学、言語学に関連する学会など、さまざまな場で公開され、大学講義等、教育現場においても幅広く活用されてきた。

しかしながら、以上の学術の場での議論や評価とは裏腹に、これらの作品の公開を通して、こちらが予想もしなかった場から反応を受けてきた点も指摘せねばならないだろう。具体的には、2007年のエチオピアン・ミレニアムの時期に盛り上がった北米のエチオピア系移民によるアイデンティティの構築にかかわる運動や、ユネスコの無形文化保護政策の議論が挙げられる。

エチオピア系移民のコミュニティの拠点であるワシントンDCでは、ハイレ・ゲリマ（ゴンダール出身）監督をはじめ、彼が育ててきた2世作家たちによる映画制作やオンラインドラマのプロジェクトが活発に行われている。エチオピア国外のメディアを通してかつて流布した飢饉、貧困、紛争などに関連する比較的ネガティブなエチオピアイメージに変わるオルタナティブな表象を、エチオピア系の移民たち自らの手で実現させていこうという機運が盛り上がっていた。これに即し、エチオピア系の作家をプロモートする映画祭やエチオピア表象を管理する非営利団体、学生組織も存在する。これらの団体は、エチオピアのイメージ形成と流通にたいする一種の責任感をもち、サイバースペースのなかで互いにつながり、発言力を強めている。

2007年以降、私はこうしたアクターたちから盛んに上映・討論会の場に誘われるようになった。拙作を通した移民たちとの交流の場では、論文を公表することによっては得られない感情的なリアクションや、こちらがはっとさせられるような、対象を理解する新たな視点に気づかされることが多いことも事実である。前述のハイ・レゲリマからは、ラリベロッチは従来、物質文化に偏る生活へ警告したり、富める者から貧しいものへ富の分配の必要性を説く、布教者の役割をもつのである、という指摘を受けた。この指摘が正しいかどうかを問うのではなく、集団を理解するキーワードのひとつとして、この見解を保持しておく姿勢が必要であると私は考える。また、ワシントンDCのエチオピア系移民が企画したある上映会では、ゴンダールの城や遺跡群、北部の代表的な宗教であるキリスト教エチオピア正教に関する儀礼などを作品のなかにふんだんに盛り込むべきであり「みじめな音楽家」のみをフォーカスすべきではない、という意見が出たこともある。

エチオピア政府の役人、無形文化保護政策にかかわる国際機関の職員には、私が映像に収めてきたエチオピアの音楽・芸能、それを担う人びとを「エチオピア国外の人びとには見せるべきではない祖国の恥ずべき文化」とみなし、映像作品のなかでとりあげることに深い懸念を示す者がいることもわかった。それらの人びとは同時に、エチオピア文化の表象にかんして、強い主張、理想を掲げるため、作品の上映後、私としばしば撮影の対象の選択をめぐって衝突することがあった。強い批判や主張は、私にとっては決して気分のよいものではなかったのであるが、同時に、これらの音楽・芸能等、無形文化をテーマにした映像が、人びとに見てもらいたい、見せたいエチオピア文化の自画像に関する議論を誘発する興味深い機会であることにも気づかされた。

新たな旅のはじまり

ご紹介してきた例のように、私の制作した作品は、学界に限らない幅広い社会的な脈絡において公開が求められてきたといえる。「被写体」は、必ずしも、調査・撮影された人びとのみに限られるべきではないのであろう。直接的な被写体、調査対象ではなくとも、祖国の文化の表象に対して強い理想、主張をもつような人びととも交渉し、作品の送り手・受け手間で相互に意見を交換しやすい環境を、時間をかけて築き対話を深める必要性があるのかもしれない。そこでは、互いの意見の相違を強引に埋めるのではなく、映像に対する多元的な受容・解釈のありかたと交流するフィールドワークが必要になる。作品の公開は最終ゴールなではなく、研究対象を理解する、また新たな旅のはじまりなのである。

映像作品

川瀬慈『ラリベロッチ――終わりなき祝福を生きる――』2005年（2007年再編集）30分
英語版 Lalibalocc-Living in the Endless Blessing-.

川瀬慈『僕らの時代は』2006年　53分
英語版　Kids Got a Song to Sing.

川瀬慈『Room 11, Ethiopia Hotel』2006年　24分
英語版　Room 11, Ethiopia Hotel.

Column 3

観客に届く映像作品をつくるには？

原一男監督の「ドキュメンタリー映画制作講座」より

小林 直明
KOBAYASHI Naoaki

学術的な映像作品にエンターテインメント性は必要か？ さて、あなたはどう考えるだろうか。世界を震撼させた映画「ゆきゆきて、神軍」の作者であるドキュメンタリーの鬼才・原 一男監督の意見は、明快である。「たとえ学術的な狙いであったとしても、やはりエンターテインメントでなければ人は見てくれないです。見てもらえなければ意味がないですよね」。

2013年4月より龍谷大学の生涯学習講座（RECコミュニティ・カレッジ）にて、私の企画による「ドキュメンタリー映画制作講座」を開講することとなった。原監督の指導のもと、受講者自身が実際に映画制作に取り組んでいく講座である。初めの半年間で映画制作の基礎知識を学び、自分がつくる映画の企画を練っていく。そして、続く半年間で撮影・編集し、作品をつくり上げていく計画である。前期の「企画編」（全6回）には、大学生から80代の高齢者まで、関西一円から33名の受講者が集まった（ちなみにこの原稿の執筆現在、後期の「実践編」が続行中である）。「せっかくがんばるのだから、商品として映画館にかけられるようなものをつくろう」という原監督の投げかけに呼応し、各人が映画づくりに取り組んでいる。

ここでは以下、この講座（企画編）のなかで展開された原監督流の映画づくりの考え方のエッセンスを、私なりにまとめて紹介していきたいと思う。

テーマ選び、キーワードは「欲望」

映画をつくるにあたり、まず初めに悩まなければならないのは、テーマの選定である。講座の初回、「テーマを決めるコツはなんですか?」という受講者の質問に対し、原監督は「コツなんてないですが…」と前置きしたうえで、次のように答えている。

「文体とは生き方である」というフレーズ、これは「全身小説家」の出演者である井上光晴さんに教えてもらったのですが、私は何かにつけてこれを思い出すのです。この言葉をドキュメンタリーに置き換えますと「ドキュメンタリーとは生き方である」となります。何を撮るかを考えるときに、やっぱり問題になるのは自分の生き方だと思うのです。自分が今、何を求めているか。キーワードは「欲望」です。自分のなかの欲望に目が向いているのか、他者の欲望に関心がいっているのか。つまり、他人を撮りたいと思っているのか、自分自身を撮りたいと思っているのかを見極める必要があります。何を求めて自分は生きようとしているのかがわかれば、それにカメラを向ければいいわけです。

濃密な感情を描けば、おもしろい作品になる

どんなにシリアスな、どんなに残酷なテーマを扱っていようとも、「映画的におもしろく」という発想は絶対に必要である。

「ドラマの3倍おもしろくないとドキュメンタリーは見てもらえない」というのが原監督の持論

である。

　ぼくらは映画館でかける映画をつくっています。観客はお金を払って見に来てくれる人たちです。観客はなぜお金を払ってまで映画館に来るのでしょうか？……感動したいのですよ、観客は。だから映画をつくる側としては、観客の欲求に応えてあげられるだけの価値とエネルギーに満ちた作品をつくらなければならない。これは最低限の義務だと思っています。

　ところで、人はどのような映画、あるいは作品のどのような要素におもしろさを感じ、惹きこまれていくのだろうか？逆にいえば、つくり手は何を描けば自作をもっと力強く、もっとおもしろい作品にすることができるのだろうか？これについても原監督の見解は明快である。

　一番何を撮らなきゃいけないかといいますと、「人の気持ち」です。これだけはよく覚えておいて欲しいのですが、その作品にこれをどれだけ込められるかが重要なのです。「気持ち」とか「心」とか「魂」とか、いろんな言い方ありますが、とにかく「感情を描くのだ」ということを肝に命じてください。描かれる感情が強ければ強いほど、激しければ激しいほど、純粋であれば純粋であるほど、その作品の力は強

写真1　原監督の講演会

くなります。これはテクニックではありません。技術的なことはいくらでも教えることができますが、これを教えることはできないではないですか…、その人のもっているものですから。映画が一番生命力をもつのは、濃密な感情が描けたときなのです。喜怒哀楽、愛憎、どんな感情でもいいのです。感情が濃密に描かれている作品は、必ず人の胸を打ちます。

場にエネルギーを込め、狙って撮る

さて、撮影にはどのような心構えで臨めばよいのだろうか？　原監督は、かつて助監督として浦山桐郎監督や熊井啓監督のドラマ撮影の現場を経験するなかで、「場のエネルギー」を強く、濃密にして撮影に臨むこと、そのための方法を間近で学んだという。

ドキュメンタリーの現場で、一番やっちゃいけないこと、危険なことは、「何気なく撮る」「とりあえず撮っておく」という発想で撮影していくことです。「後で使えるかもしれないから撮っておく」という考えで撮った画は、得てして使えないのです。力がないのです。ワンカットごとにテーマがある。必ずワンカットごとに狙いがあるということを脳裏に叩き込んでないといけない。狙って撮る。とりあえず撮っておくっていうのは、つまり狙いが曖昧なまま撮るということです。曖昧なまま撮って映像に力が入るわけがありません。自分の思い、エネルギーをレンズのその向こう側に放射する。そして、自分が発したエネルギーが相手のもっているものと化学反応を起こして、また跳ね返ってくる。映像は、その場のエネルギーを記録します。だから場のエネルギーを強くするためには、どうすればいいかということをとにかく必死に考えるべきなのです。エネルギーが強いなというふうに確信を持てたら、はじめてカメラを回す。これはドラマでもドキュメンタリーでも同じことです。

仕掛ける：ドキュメンタリーにおける演出とは、出演者の感情が発露しやすい状況をつくることである

原監督は、自らの映画づくりの方法を「アクションドキュメンタリー」とよんでいる。撮る側が撮られる側に対して何らかのはたらきかけ（アジテーションなど）を行うことで、それによって起こされる撮られる側の変化、リアクションを撮影していくという手法である。

一本の映画のなかで、一体いくつのシーンでこの濃密な感情を描けているか。私は常にそういうふうに考えながら映像をつくってきました。だから全編、感情の波が押し寄せてくるようにシーンをつくっていきます。説明描写なんて字幕一枚ですんでしまいますから要らないのです。感情を描く。しかし、ただ待っていてもだめです。いつも向こうから劇的な感情をカメラにぶつけてくれればいいですけど、実際はそんなに簡単にはいかないです。そこで演出という作業、仕掛けが必要になるわけです。

どういうシチュエーションを用意すれば、その感情が出てくるかということを考えるのが、つまり演出なのです。この人を撮りたいと思う人をどういう状況に放り込めば、魅力を引き出すことができるだろうかと、それはもう必死に考えてください。

では、どのようにすれば効果的な仕掛けを思いつくことができるのだろうか？　答えは「取材」である。

カメラを向けている主人公のもっている欲望、欲求、こうしたい、ああいうことをやってみたい、ということばをキャッチしないと仕掛けようがありません。相手の話をよく聞いて、何をしたがっているのかを理解する。映像というのは、こうやってつくっていくのですよ。

「企画編」では、すでに述べてきた内容以外にも、「つくり手のモラルの問題」やカメラワークなどの映画づくりの基礎知識についての解説、あるいは原監督のこれまでの作品づくりにおける興味深いエピソードなどが多数紹介されたが、紙面の関係で割愛せざるを得なかった。これらについては別稿を用意し、詳しく述べたいと思っている。

Column 4

民族誌映画祭

同時代の現実が交叉する時空

伊藤 悟
ITO Satoru

民族誌映画祭は、人間の生活や社会をとらえたさまざまな映画をつうじて、私たちに多元的な現実の同時代性を実感させてくれる場だ。このエッセイでは、上映者として民族誌映画祭に参加した経験をもとに民族誌映画祭に共通した特徴を述べたい。

作品の制作そして参加

私は中国雲南省徳宏州にすまうタイ族の音文化や生活のなかの芸術について研究している。とくに、ことばでは説明や規定の困難な身体知や、人びとの情動と美的感性に興味があり、楽器や歌や踊り、竹細工や機織など身をもって学びながら調査し、記録手段として映像・音響メディアを用いている。

民族誌映画を自分で制作するようになるまで、私は大学の講義で上映された数えるほどの民族誌映画しか見たことがなかった。幸運にも、昔から親交を続けてきた中国の友人たちが２００３年から雲南ドキュメンタリー映画祭 YUNFEST を運営するようになり、それから半ば無理矢理彼らの活動に巻き込まれていたので、機材の扱いや撮影や編集に触れる機会があった(1)。

２００９年に2年半の長期調査を終えて帰国した後、周囲の勧めもあり、私は民族誌映画をつくろ

写真1　2012年モスクワ映画人類学国際映画祭にて

作品上映後，解説と質疑応答を行う筆者．

写真2　2013年チェコ Antropofest 映画祭にて

3名の特別講師，映像人類学者 Johannes Sjoberg（イギリス University of Manchester），社会人類学者 Jaroslava Panakova（スロヴァキア Comenius University），Rocio Burchard-Rodriguez（オーストリア Eth-nocineca 映画祭）によるシンポジウム．民族誌映画の実験的方法論と映画祭の役割について．

うと思った。だが、これまで現地の人びと以外の誰かに作品として見てもらうことを強く意識していなかったので、編集では欲しいカットやシーンが見つからず苦労した。どうにか現地の人たちの意見をとりいれながら編集することで、上座仏教経典を朗誦する声の表情や聴衆の情動に着目した短編 *Creation and Chanting of Lik Yaat*（邦題「こころを架けることば」）を完成させた。

作品完成後、私は２０１１年から２０１２年にかけてインターネットで知った12の国際民族誌映画祭に応募し、最終的に６つの映画祭で上映する機会を得た。[2] 入選通知の多くは映画祭開催の２～４カ月前で、スケジュールを調整することが難しいものもあった。毎回、自費を覚悟で往復チケットを予約し、その後どうにか海外渡航や発表助成を受け、イギリスをはじめ、エストニア（口絵⑱参照）、ロシア（写真1）、そしてチェコ（写真2）の映画祭に出席することができた。

当たり前のことだが、民族誌映画はつくって終わりではない。上映の機会を手に入れ、さまざまな関心をもつ観客たちと議論することにより、作品がもつ潜在的な解釈の可能性を協働で開拓するのである。映画祭の数日間、監督は、審査員や映画祭関係者、そして観客と共に映画と議論三昧の濃密な時間を過ごす。いくつかの映画祭のプログラムに参加してみると、自分の作品が現在の民族誌映画や記録映画の世界的な潮流のなかに、どのように位置づけられるのか、しだいに浮かび上がってくる。

学界に縛られない民族誌映画祭

映画祭に参加すること。世界各地で同時代につくられた作品を鑑賞し、出席者たちと交流することで、私はじかに映像人類学の現代的潮流を体感できた。世界には無数の映画祭があるけれど、民族誌映画を主な対象とする映画祭は多くはない。また、民族誌映画祭によってもテーマや審査基準も違うし、開催国の観客の興味関心のベクトルも差異がある。Royal Anthropological Institute（RAI）のような学会が母体となった映画祭は、まさしく民族学者や人類学者の作品が上映され議論される大規模な学術的映画祭であるが、専門家を対象とした映画祭のため、ある意味で閉鎖的だ。なぜなら、多くのEthnographic Film Festival と称する映画祭では、研究者以外の映像作家の作品も多く上映されており、人類学という学界にとらわれない、ひらかれた映画祭が目指されているからだ。

いくつかの民族誌映画祭に参加して驚いたのは、上映プログラムには人類学を専門としない学生やドキュメンタリー映画作家の作品も多く含まれていたことだった。また、実験的映像作品や博物館展示の一部として制作された作品、そしてアート作品も積極的に上映されていた。このような民族誌映画以外の作品を上映プログラムに選び議論の場に上げることが、映像表現の可能性を切りひらこうとする映画祭の姿勢として大変興味深かった。

私のような駆け出しの映像人類学者にとって映画祭参加の利点は、多様なジャンルの映像作家たちと知りあうことで、映画の方法論はもちろん、刺激的なアイデア、撮影や機材の技術、資金調達のノウハウなどを学べることだ。他ジャンルの監督たちは多くの入選実績をもつプロも多いが、人類学的フィールドワークにもとづき練り上げられたテーマや映像手法にも関心を寄せていた。こうした監督同士の活発な交流をうながすように、民族誌映画祭によってはシングルルームを提供せず、2人以上の相部屋を用意することもある。毎日生活を共にして夜遅くまで映画を鑑賞し、スタッフや監督たちと朝方まで酒を酌み交わす経験ができるのも映画祭の醍醐味だろう。

また、映画祭ではさまざまな特別企画が用意され、映像人類学や記録映画のこれまでの歩みや展望を知ることができる。たとえば、第一線で活躍する映像作家や人類学者、そして他の映画祭主催者たちを招いたフォーラムが企画されたり、ある監督の作品特集が上映されたりする。映画祭に協賛する大学などでは、国内外の映像人類学者や映像を用いる応用人類学者の特別講義が行われることもある。

中国の映画祭にかかわってきた私自身が楽しみにしていたのは、映画祭開催地の学生や人類学者たちの作品を見ることだった。

写真3　2014年エストニア **World Film** 国際映画祭にて
民族映画祭の休憩時間の様子.

その国ではどのようなテーマが多く注目されているのかという関心もあるが、作品のなかにその社会や文化で育った人びとの感性がどのように映像と音をつうじて滲み出てくるのか興味があった。もちろん、映画祭で上映される作品は限られているし、スケジュールがあわずに鑑賞できないこともある。だから、現地の研究者や学生と積極的に交流して、お互いにＤＶＤを交換するようにした。

人類学者と被写体のさまざまな協働作業から生まれる民族誌映画は、作品に独特な感性の息遣いを感じさせる。それは撮影する側の一方向的な解釈や客体化ではなく、人びとの世界とのかかわり方を深く理解した人類学者ならではの、そして現地の多くの協力者たちに導かれてゆくなかで生まれてくる作品だからなのだろう。民族誌映画祭は、同時代に生きる私たちにこれまで気づかなかった視点から多元的現実を考えさせ、そして多様な世界の感じ方を教えてくれる。海外の民族誌映画祭は着々と学界の外へと門戸を広げており、今後ますます多くの人びとの関心を惹くだろう。

注

（1）YUNFEST については、藤岡朝子による報告「雲の南のドキュメンタリー事情」『Documentary Box #23』（2004年）に詳しい。http://www.yidff.jp/docbox/23/box23-3.html

（2）入選した民族誌映画祭は、イギリス RAI International Festival of Ethnographic Film 2011、エストニア World Film 2012、ロシア Moscow International Festival of Visual Anthropology 2012、チェコ Antropofest 2013、カナダ International Ethnographic Film Festival of Quebec 2013、スロベニア Days of Ethnographic Film 2013、イラン "CINEMA VERITE" 8th IRAN International Documentary Film Festival 2014。ロシアの映画祭では新人部門最優秀作品賞を受賞した。

Part III

応用編
―映像によるかかわりの創出

PartⅢでは、映像を活用することによって生まれるさまざまな繋がりの形を取り上げる。▼第7章（高倉）では、フィールドワークを通じて得た映像をインスタレーション・アートとして展示することによって、観覧者が人類学者の研究の営みを体感し、異文化理解のプロセスに巻き込まれてゆく様が描かれる。▼第8章（分藤）では、1990年代より盛んになっている「参加型の映像制作」が、フィールドにおける試行錯誤の経験に基づいて紹介され、検討される。▼第9章（松本）では、自身が所属するNPOが実施しているアーカイブ・プロジェクトを、当事者であり観察者でもあるという立場から記述する。かつて市井の人びとによって撮影された「8ミリフィルム」を今後にわたって生かす方法が〈収集・公開・保存・活用〉という流れに沿って示される。

7 調査写真・画像から展示をつくる

現地と母国の市民をつなぐ応用映像人類学

高倉 浩樹
TAKAKURA Hiroki

3日間で1045人。これは私が2008年12月に勤務先の仙台市内の公共施設で行ったシベリアのトナカイ牧畜民の写真および民具の展示会の来場者数である。フィールドで撮影した写真や動画、収集した毛皮の物質文化にかかわる資料を組み合わせ、調査地の空間を再現し、さらに大学の研究室も再現することで、人類学者の調査の旅を追体験できるような空間をつくった。折良くクリスマスだったことも関係しているかもしれない。子ども・若者・大人が展示を大変楽しんでくれたことを覚えている（写真1）。

私自身、これまでシベリア先住民社会でのフィールドワークを行い、その魅力を民族誌という媒体で記述し、研究者はもちろんのこと一般読者に対しても発信してきた。文化人類学の社会的使命の一つは異文化理解の促進にあるからである。確かに文章による記述説明は、詳細な説明が可能だし、正確を期すことができる。とはいえ、文章表現のなかでは副次的にしか扱われない映像やモノを主役に据えて異文化理解を実践することの可能性を強く意識するようになったのは、この2008年の展示がきっかけ

写真1　トナカイ遊牧民写真展の会場の様子
2008年，仙台，牧野友紀撮影.

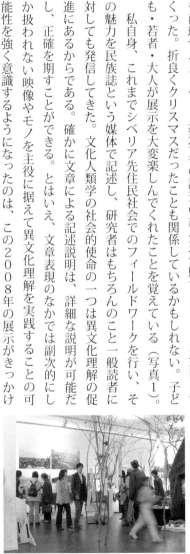

であった。いわゆるインスタレイション・アートとよばれる展示技法は、それまで民族誌資料の中核はテキスト情報の集積と考えてきた私に大きな転換を迫ったからである。フィールドワークのなかで撮り続ける写真や動画といった映像イメージを中心において可能な人類学的実践とは何かという問いが現れたのであった。

私は学部時代に学芸員の資格はとったものの、博物館関係者ではないし、博物館研究をしてきたわけではなかった。そもそもこの展示は大学の公開講演会の付属イベントとして企画されたものだった。昨今の常で、大学の研究者は社会還元を求められており、その一環として行われたのだ。この意味で、映像をつかった展示というのは撮影する人類学者なら誰もが求められるものでもある。

本巻のテーマは、「映像をつかってフィールドワーカーに何ができるのか」である。私が取り組むのは、写真や動画などの映像を用いた展示実践の可能性を探ることである。そもそもフィールドワークにおいて映像はなぜ収集されるのか、どのように利用することが可能なのか、さらに展示とはどのような営為なのかについて映像人類学や博物館人類学の知見をまとめた後、私自身の展示経験を紹介する。それを通して、応用映像人類学の一つの形として、展示の実践のおもしろさと広がりの可能性について述べたいと思う。

調査地で映像を撮る

決定的瞬間をもとめて

調査者はどのような瞬間に、調査地で写真・動画を撮るのだろうか。異文化の現場であるがゆえに、それは見たことがない・珍しい、つまり学術的価値が高いと判断した時が一つであろう。儀礼などの記録的価値などがこれに当てはまる。あるいは被写体やモノ、光景におもしろさを見つけたり、惹かれたりしたときもシャッターを切るかもしれない。人類学的フィールドワークは仮説検証型もあるが、むしろ偶然の出会いから問題を見いだす点に独自性がある。とすると五感を総動員して到達した主観的な着眼は重要な学術的価値を帯びる可能性がある。いずれの場合も、調査者は学術的価値にかかわる「決定的瞬間」（アンリ・カルティエ＝ブレッソン）を求めてシャッターを切る。

そしてそれは自分がその現場にいたことの証拠にもなる。質的な社会調査によって収集された資料が説得性をもつかどうかは、自分が現場にいたことをいかに提示できるかにある。この点でも映像は重要である。

写真の場合には決定的瞬間を、動画の場合には決定的ショットを研究者が求めるのは、それらが有限な希少性にもとづくと考えているからである。しかし、デジタルカメラの現代、あらゆる人びとが自ら見たことを映像記録として撮り続け、その蓄積は膨大な形で膨らみ続けている。

多くの人類学者は写真・映画制作の教育は受けていない。その点ではこの技術の発展は恩恵である。フィルム代を考慮せずに撮影を続けることができるようになったからである。しかし「決定的瞬間」を選択するという観点からは、選ぶ対象が増えすぎて困難が増したという側面もある。とはいえ、後述するがこの膨大な画像は、「決定的瞬間」とならない映像利用という新しい領域を創り出していることもまた事実である。

デジタルカメラと非物質性

そもそもフィルムは物質である。それゆえにオリジナル・フィルムとオリジナル・プリントという物体が存在することになる。フィルムに光を焼きつける＝撮影するのは研究者であり、現像は専門業者という役割分担も明快だった。これに対し、デジタルカメラが収集するのは、光の明暗・濃淡・彩度などにかかわる情報であり、その処理方法（現像）も同時に行うために、撮影した瞬間に確認が可能という現認性をもっている。情報処理の手順や度合いを変えることは、画像の加工にもつながってくる。写真評論家の飯沢耕太郎はこうした特徴から光陰を記述した物質たるフォトグラフィが、数値化された画像情報たるデジグラフィに変わったと指摘している。

この点は重要である。画像情報の加工という点で、写真と動画の扱いに本質的な違いはないからである。かつて民族誌写真と民族誌映画はまったく別の領域だった。しかし現在はそうではない。そもそもどのような小さなデジカメにも動画モードがある。それで2時間の長編映画をつくるのは難しいだろうが、30秒のビデオクリップは容易につくれるだろう。実際に、研究発表においてパワーポイントソフトへのビデオクリップの挿入はよく行われている。

映像をめぐるデジタル化のなかで、物質性と非物質性、原板性と加工性、静止画と動画というかつて明確だった関係は曖昧化が進んでいる。映像を使ってフィールドワーカーにできることは、このような技術的条件とそれに対応する社会的文脈のなかで探求されなければならない。私自身、民族誌映画制作に参加することで、映像の可能性を考え始めたわけでない。調査地で学術資料としての写真を撮るなかで、これを利用した映像展示を行い始めた。そこから動画への関心も広がったのだ。

調査技術としての映像と展示

写真と映画の境界

デジタル化が進むことで、写真と動画の境界は確かに融解しつつあるが、両者はもともと深い関係にある。映画のフィルムは、いうなれば写真フィルムの連続であるからだ。さらにビデオ映像制作の教科書を紐解けば、映像制作計画において絵コンテはいわば設計図となることが解説されている。絵コンテは写真でもいい。むしろ特定のテーマに合わせて選ばれた写真が複数あつまれば、組み写真となる。それはまさに、映画の骨格を概念化する設計図となりうるし、あるいは現在のようにパソコン画面でスライドショーとして流せば、その組み写真自体がある種の映画作品となりさえする。この点で写真から映画をつくることも、映画から一枚の写真＝画像を取り出すことも可能である。デジタル技術はその可能性を容易にしたのだ。そこでまず、映像の基盤ともいえる写真はフィールド調査者にとってどのような資料となりうるのか、確認しておきたい。

写真が可能にすること

ポストコロニアル批評による視座が確立したことによって、撮影者と被写体の間には政治が常にあり、撮るという行為それ自体に内在されている社会的文脈を認識する必要性が常識化されるようになった。表象文化論の今橋映子は、その点からたとえ報道系写真だったとしても単なる現実の反映なのではなく、歴史・政治・文化的文脈に規定された「制作物」として見る必要性を喚起している。これは出発点となる考えである。

とはいえ、カメラは生物としての人間の視覚の無意識的・客観的延長という側面をもっていることもまた事実である。それゆえにこそ、フィールドワークではカメラが使われるのだ。アメリカの写真家で映像人類学者のジョン・コリアー（John Collier）は、写真の効用について以下のように指摘している。それは（1）直接観察した状況を写真として記録、（2）生態系や技術的・社会文化的パターンの概観的な理解、（3）調査ノートにおける補助的資料、（4）面談調査時の補助的利用、（5）調査時に調査者の視野に入らなかったものの記録である。（1）～（3）は説明不要だろう。（4）は聞き取り調査を行う際に写真を見せながら質問するということである。（5）は、たとえば牧畜民の調査において、天幕の内部を写した写真から、その家の動産が何かいわば財産目録を読み取ることができることである。また天幕の隣に薪割り場が設置されているような場面からは、当該社会において当然視される物質と物質、物質と非物質（行動）の配列・配置・関係性を再確認することも可能である。この点で写真はそれがどのような文脈に置かれるかはともかくとして、ある種の事実を映し出しているのは確かなのだ。

この点で動画も同様である。写真と動画が異なるのは、調査地のなかで生起した時間の過程が含まれている点である。その特性を活かすのは、映像人類学者の牛島 巌が推奨する「シークエンス・フィルム」とよばれる方法であろう。これは一つの出来事や動きを始点から終点まで押さえて正確に記録するものである。民族誌映画は、複数のシークエンスから構成され、その接合部分に説明的な映像が付け加えられ構造化されている。シークエンス・フィルムとは、その構成単位の一つを映像でつくることである。これはまさにデジタルカメラの動画モードを使用して行うことが可能である。

カメラは人間の視覚の生物学的限界を超えて情報収集し、そこで制作された映像は言葉で説明しきれない情報を提示することが可能なのだ。問題はそれをどのように使うか、写真であれば写真展企画や写真集編集であり、動画であれば映画制作の場面で、制作者がどのように構造化するのか、どのような文脈を形成するのかという点が問題となってくる。

展示によって具現化されるもの

このような映像資料を展示するわけだが、これを使ってどのような構造化＝展示が可能なのだろうか。とくに異文化理解という実践においてこのことを考えてみたい。

大学の研究成果にかかわる展示という意味では、たとえば最先端科学の成果にかかわる場合が想定できる。これは技術にせよ事実にせよ、未だ知られていなかった領域をわかりやすく説明することである。文化人類学の隣接領域のなかでも、先史考古学や人類進化史といった分野なら、そのような展示は可能である。しかし文化人類学や地域研究のフィールドワークの成果は異文化理解にかかわるものであって、ある文脈では未知の社会現象を解明するという場合もあるが、新発見というような性質ではない。

異文化交流のための展示とは、来場者が何となく知っているある地域・民族集団・コミュニティの文化や社会のしくみについて、フィールドワークによって明らかになった学術的知見にもとづいたうえで、説明することである。そのなかで写真や民具が用いられるのだ。このような展示はどのように構成されるべきなのか、デジタル化時代の博物館の展示のあり方を論じたブルース・ウィマン（Bruce Wyman）らの議論を参考にしたい。彼らによると、博物館とは未知ではない情報＝モノがある特定の空間に配置されることで新たに形成される文脈を提供する場である、という。そしてその文脈は五感で感知できる経験として提供されるべき、と述べる。この指摘は、私が考える展示にそのまま適用できる。

程度の差はあれ、既知である情報＝モノを配置することで新しい文脈をつくり出し、それを五感で経験させる――このような展示の特徴をより明確に理解するためには、近年美術界で論じられているインスタレイション（空間デザイン）という概念が参考になる。クレア・ビショップ（Claire Bishop）は、芸術作品のインスタレイションとインスタレイション・アートという区別をしたうえで次のように説明する。前者は作品をどのように展示するかを示す概念である。個々の作品はそれ自体芸術的価値をもっているが、学芸員はその組み合わせを考案し、他では経験することができないような独自の空間をつくり出すという。美術館の独特の雰囲気を想起されたい。多少の差はあれ、すべての展示は独自のインスタレイションを実現している。しかし注意したいのは、個々の作品は展示空間なしでも単体として鑑賞が可能であるということだ。

これに対しインスタレイション・アートは、絵画・彫刻・写真など伝統的な芸術媒体ではない媒体（あるいはそれらの混合）によって構成され、個々の要素のアンサンブルが全体で一つの作品となるものだという。そしてこの観覧者は、作品を見るというよりもむしろその空間に入り込み、身体全体をつかって体験することが期待されている。

ここでわれわれが展示可能な媒体を改めて振り返ってみよう。人類学的フィールドワークにおいても民具などの物質文化は収集され、それは場合によっては美術品となるかもしれないし、あるいは貴重な文化遺産として博物館が永久に保管する対象となるかもしれない。つまりそれは、単体として鑑賞に値する作品＝モノということである。調査地での映像もたとえば優れて芸術性がある場合や、故人となった著名な研究者の場合、そのような対象になるだろう。

しかし調査者が自ら撮影した映像を使って何をできるかと考えた場合、まさにインスタレイション・アートの方法が採択されるべきではないだろうか。研究者はプロの写真家ではなく、あくまでも調査のなかで映像を収集してきたからである。単体として鑑賞することができない素材を組み合わせてある構造物をつくる、多くの人類学者が可能なのは、これだと思う。それは、デジタル化された情報を無限に増幅させ、あるいは従来は暗室作業によって専門家でなければアクセスできなかった加工を用いて、さらにかつてであれば決定的瞬間としての価値からは外れてしまった映像を使うことで、空間をつくることなのだ。非物質化されたデジタル情報を、物質化させ現実をつくり出す（誰もが参加可能という意味で）民主的で有力な方法が、そこにある。

映像によるインスタレイション展示

トナカイ遊牧民

これまでフィールドワークを行う者が、自らの調査のなかで収集した映像を用いた展示実践を行うにあたって、理解すべき映像そのものの性質、デジタル技術の可能性、展示空間の特質について紹介してきた。そのような考え方に即して行う展示とはどのようなものなのか、そこから得られることは何か、私自身の経験を述べながら考察したい。

それは冒頭でも触れた２００８年12月12～14日にせんだいメディアテークで行った「トナカイ！トナカイ!! トナカイ!!! 地球で一番寒い場所での人間の暮らし」である。この展示の目的は、私が調査してきたシベリア先住民の伝統文化と現在について映像を中心に一般の市民に理解してもらうことであった。そのときに採用したのが、インスタレイション・アートの考えにもとづく展示であった（写真２）。

映像資料の中心となったのは、遊牧生活にかかわるＡ４サイズの写真92点とＡ０サイズに打ち出した11点である。たとえば、「遊牧」「搾乳」「橇作り」「食事」などという形で主題ごとに４～５枚の写真をまとめて展示することで、彼らの生活の全体像がわかるように工夫した。この資料の理解を深めるために調査地の現場の雰囲気を醸成すべく、宮城蔵王の山から伐採してきた木を会場に設置した。また、一畳ほどの大きさの発砲スチロールの断熱材に写真を貼って制作したほぼ実寸台の自立式トナカイパネルを10組近く用意することでトナカイの群れを再現した（写真３）。トナカイ写真はパソコンのオートスライドショー機能を用いてランダムに会場の所々で突然出現するように投影する仕掛けを複数つくった。

物質文化資料の展示ということでは，私自身が調査のなかで収集した毛皮民具など37点を，自由に触れるように会場に設置し，たとえばトナカイ毛皮の上下服やブーツは観覧者が自由に着衣できるようにした。このようにして来場者が自ら参加することで体感できる展示空間を制作したのであった。

こうした展示を支えたのは，いうまでもなくデジタル技術である。Ａ４サイズの写真はカラーコピー複合機で印刷したものだし，Ａ０という巨大なサイズの写真もまた，ポスター発表を制作する際に用

写真 **2**　シベリアの森林とトナカイの群れが再現された会場の一角
2008年，仙台，齋藤秀一撮影.

写真 **3**　スタイロフォームで制作した実寸大トナカイパネル
2008年，仙台，齋藤秀一撮影.

いる大型プリンタによるものである。たとえば、会場入口には巨大なトナカイの目の写真のポスターを掲示した。この写真は家畜トナカイの顔につける手綱（の一種）という物質文化を説明するために撮影されたものだった。展示準備の際に偶然、私が映っていることに気がつき、その部分をトリミング加工した。そのうえで高さ３ｍ、幅２ｍの大きさのポスターとするため、Ａ０サイズの写真を９枚組み合わせた（口絵⑳参照）。また、写真２や３にあるように、会場では千数百頭にもなるトナカイの群れの表現を試みた。この制作に重要だったのは、多種多様なトナカイのイメージであり、それを実現するのに、決定的瞬間の資料とはなり得ない無数の「没」写真が役に立った。それらが出没する様は、会場に「動き」の雰囲気をもたらしていたのだ。

こうした展示の着想は、知り合いのデザイナーや写真家との共同作業から得られたものである。この点で私の経験は特殊だといわれるかもしれない。しかし彼らとの出会いは、そもそも大学の広報活動で得たものであった。社会貢献を熱心に行う今日の大学にあってそうした異業種のプロフェッショナルに出会うことは珍しいことではないのだ。

展示対象としての研究者

会場内には七夕の短冊のようなものを吊して読めるようにした（写真４）。たとえばそれは「（表面）トナカイ橇に乗っていて、走っているトナカイの尻尾が上を向いたら要注意である。（裏面）間もなく正露丸上の糞が飛び出てきて橇の乗車者に降りかかってくるからである」といったものである。それは私のフィールドノートに記録されていた主観的な感想であり、いわば研究者の「つぶやき」であった。この展示で重要だったのは研究者自身を展示するという考えである。研究者が現地で何を見て、何を感じたのかを追体験するという仕掛けをつくった。そのため会場の一角は、私自身の研究室を再現した。フィールドノートやそれにもとづいて作成した論文や著作も読めるようにした。人類学者がどのようにしてフィールドと研究室を往復するのか、その知の旅を追体験してもらうというのが真のコンセプトだったのである（写真５）。

　さらに調査者が次回のフィールドの旅の際に翻訳し届けることを注記し、「シベリアへの手紙」として来場者には感想を書いてもらった。その数は１６１通となったが、これは彼らが調査の旅に参加して、私に託してくれた物だと、考えている。

　「映像をつかって何ができるか」という問いかけは、学術資料としての映像を利用する立場からの問題意識である。人類学者がどのように見て・触わり・感じてきたのか、その過程にかかわる映像を展示するとき、映像は従来の位置づけである研究の証拠資料以上の働きをする。研究者が異文化理解に取り組む様そのものを表現することができるからだ。調査で映像を撮る過程すべてに含まれる情報が総動員される――そうした展示においては、全人格をかけて異文化に接近し、共感をもって理解していこうとする研究者の知的好奇心

写真 **4**　会場内につるされた短冊形つぶやき
2008 年，仙台，齋藤秀一撮影．

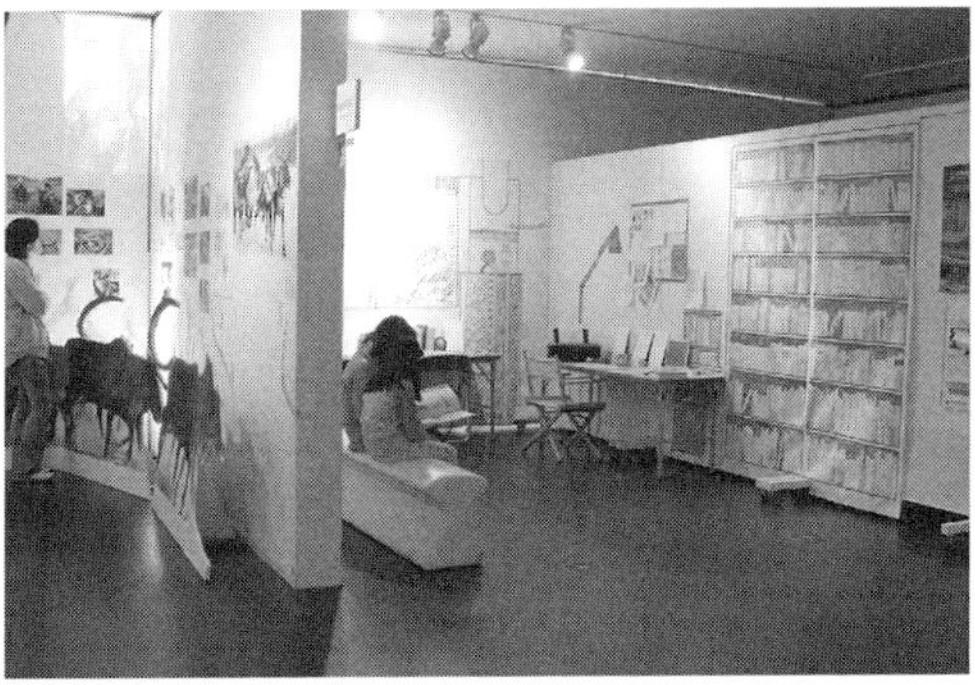

写真 **5**　フィールドの現場と接続する研究室空間
2008 年，仙台，牧野友紀撮影．

とそのわくわく感が雰囲気となって現れる。それが観覧者にも伝わり、人びとを巻き込む力となるのだ。

このことはすでに展示実践を行った研究者によっても指摘されている。２００５年に東大総合研究博物館での「アフリカの骨、縄文の骨」を組織した自然人類学者の諏訪元である。彼は、展示の真骨頂は新事実の発見そのものではなく、形質人類学者が砂のなかから一片の骨を見つけ出しそれがどの部位のものか見分ける眼力＝研究者の底力を展示することだと喝破している。

研究の結果としての映像で何が可能なのかを考えるというよりも、映像に何を期待し、何を学び、そこに向き合っている研究の営みの可能性を総体的に考えることが必要なのではないだろうか。映像撮影を含めた人類学的営み全体こそが、異文化理解の実践を行ううえで展示としては最も効果的なのではないだろうか。その実施にあたって、デジタル技術とインスタレイション・アートの手法は決定的に重要である。

応用映像人類学としての展示、その可能性

社会への介入

調査地の映像を使って人類学者の研究の営みを総体として展示する、これが映像を使ってフィールドワーカーは何ができるか、に対する私なりの答えである。それは調査者が暮らす母国の市民社会に対して、ささやかなものではあるが、異文化理解の場を設け、そこに人びとを巻き込む取り組みであった。映像を用いる研究者そのものの存在が社会を変える媒体になるという考えである。

研究成果だけではなく、研究者の存在自体が共感性を帯びながら社会を変えるという点は京大総合

研究博物館の地質学者大野照文の主張からも読み取ることができる。彼は大学博物館の役割が生涯教育支援にあるとしたうえで、体験・観察、推理・確かめを通じて身のまわりの世界を深く理解・発見し、さらにその発見自体が新たな研究の動機づけになるというプロセスが生涯教育にあるとする。そのうえで、そのプロセスは大学研究者の営みと本質的に変わらないと指摘している。もちろん、生涯教育における「発見」は、学術上の「新発見」とは異なるものではあるが。それゆえにこそ研究プロセスに市民を巻き込む企画が重要なのだという。

映像を用いて社会に介入していくこと、これは応用映像人類学の可能性を探究するサラ・ピンク（Sarah Pink）の主張でもある。通常の映像人類学は説明的であるのに対し、応用映像人類学は問題解決型であり、被写体となる関係者をプロジェクトの参加者として巻き込み、研究者が関与する。そこでは通常被写体と撮影者が厳密に区分される枠組みが融解され、これまでになかった社会的空間が生まれ、新たな知識＝映像の創造が企図されるのだ。

シベリアの調査村で展示実践

ピンクの主張はあくまで調査地の被写体と調査者の関係を念頭においており、私がこれまで述べてきたような母国の市民社会とは異なる位相だと考える人もいるかもしれない。しかし、市民社会への働きかけは一方的な力の行使なのではなく、研究者側にも反作用する。事実、２００８年の展示企画には続きがある。そこで残された「シベリアへの手紙」を私は持参し、２０１２年3月22～24日にロシア連邦サハ共和国北部のサクリール村で、「日本人の見たトナカイ遊牧民：シベリア民族誌写真を現地に戻して展示する試み」と題する展示を行ったのだ（口絵㉑参照）。

母国でのシベリア先住民文化展示＝つまり調査者のみならず、調査者の暮らす日本社会において彼らの異文化はどう表象され、受けとめられたかを、展示したのだった。その詳細を記す余裕はない。しかし、すでに撮影時点から15年以上経った民族誌写真と日本からの手紙、さらに仙台紹介の映像を組み合わせることで、この地域のローカルな記憶と記録に介入したのである。この展示の感想から読み取れることは、仙台の市民に彼らの民族文化を理解する機会が与えられたことを喜ぶ感情であり、また彼ら自身が自らの伝統の価値を再認識する機会となったことであった。この展示の来場者には「日本への手紙」という感想を書いてもらうことで、仙台市民に対する思いや呼びかけを提示してもらった。展示としての応用映像人類学は、このような乱反射を生み出す。調査者の母国と調査地の市民双方がお互いを知り合い・思い合う機会をつくり、そのことはローカルな異文化理解の実践へとつながっていくのだ（写真6）。

写真 6　壁に貼られた日本からの手紙
真ん中には説明があり，壁のはがきはロシア語に訳してある．壁絵は元々からあったもの．2012 年，ロシア，千葉義人撮影．

フィールドワーカーの役割

フィールドワークにおいて多くの映像は、論文執筆を最終目的とし、テキスト情報の補助的資料として撮影される。民族誌映画を制作する場合、確かに映像は中核的な資料となるかもしれない。しかしどちらの場合であってもその主たる読者と視聴者はあくまで研究者である。しかし、今回私が紹介した映像をつかったインスタレイション・アートの方法にもとづく展示実践は、通常の人類学あるいは映像人類学いずれの戦略で写真・動画を撮影した場合でも、実施可能である。それは論文や映画という形での学術成果の提示ではない。しかし、社会に直接働きかけることで、映像資料の価値を社会と共に再発見し、共有することを呼びかけるものなのである。

そのなかで、調査地の市民と調査者の母国の市民、さらに調査者自身の間には相互作用が発生する。その媒体に人類学者がいるわけだが、おそらくその相互作用は人類学者が動き続けるかぎり止まることはないものなのである。文化的仲介者としての人類学者の役割はこの点で永遠のものであるといってもよいだろう。いうまでもなく、こうした実践は、調査地の社会のなかに入り込み、深く当地の人びととかかわりあいながら、さらに母国の市民社会とも関与するフィールドワーカーによって可能となるのである。

参考文献

今橋映子（２００８）『フォト・リテラシー：報道写真を読む倫理』中公新書.
大野照文（２００８）大学博物館における社会連携，「化石」83.
諏訪元・洪恒夫編著（２００６）『アフリカの骨、縄文の骨：遥かラミダスを望む』東京大学総合研究博物館.
Collier, J. and Collier, M. (1986) Visual anthropology: Photography as a research method. (revised and expanded edition). Albuquerque: University of New Mexico Press.
Pink, S. ed. (2007) Visual interventions: Applied visual anthropology. New York: Berghahn.
高倉浩樹（２０１２）「トナカイ遊牧民へ調査写真を戻す旅：シベリア北極圏・先住民がくらす村での写真展開催と遊牧キャンプへの小旅行」（15分、映像作品）http://www.youtube.com/watch?v=lcJIKnQ-8OI
高倉浩樹（２０１４予定）写真資料をめぐる対話――仙台とシベリア調査村における〈トナカイ遊牧民〉展、高倉浩樹編『展示する人類学』昭和堂.

8 結びつける力

参加型映像制作の実践

分藤 大翼
BUNDO Daisuke

決裂─反省

罵られている、ということはわかった。正直なところ、それしかわからなかった。すましていれば美人だと思わせるその人は、綺麗な二重の目を見開いて、大声でまくし立てていた。黙って聞いている他ない私の隣で、友人の映画作家は呆れながら、ときに激しく言い返していた。今夜、自分の町に帰るという人に、明日の宿代や食費を払うわけにはいかなかった。結局、彼女はあきらめて、形だけの握手を交わして立ち去った。その場では周囲の人たちと同様に肩をすくめ、事態をやり過ごす他なかった私は、後々この出来事を反芻し、深く反省することになった。

私は2011年の3月21日から25日の5日間にわたって、バカ（Baka）という人びとが運営している先住民組織のスタッフを対象に映像制作のワークショップ（体験型講座）を行った。バカはカメルーン共和国の熱帯雨林地域に暮らす狩猟採集民で、古くからこの地域に居住してきたと考えられる人びとである。今日では幹線道路沿いに集落を形成し、定住的な生活をしているが、60年ほど前までは、森のなかを移動しながら暮らしていた。現在でも数週間から数カ月にわたって集落を離れ、森の奥で狩猟採集生活をする人たちもいる。長年にわたって森と共に生きてきた彼らは、近年の伐採や採掘といった自然破壊の進行と、国立公園化、狩猟の規制といった自然保護の進行によって従来の生活が営めなくなってきている。そのような状況を受けて、組織を立ち上げ、自分たちの権利を守る活動に従事する人たちが現れている。

私は１９９６年よりバカを対象とした人類学的な調査を行っており、２００２年からは調査集落において記録映画の制作を行っている。この間、人びとが抱えるさまざまな問題についても知ることとなり、「自分がバカの人たちのためにできること」を考えるようになった。そして、調査集落に近い町に先住民組織が開設されていることを知り、そのスタッフを対象に映像制作のワークショップを実施することを思いたった。組織のスタッフが自分たちの活動を映像によって記録し、上映や配信を通じて紹介することができれば、組織の活動の普及・発展につながるのではないかと考えたのである。そして、２００９年の2月にアスバック（ASBAK）という組織を訪れ、代表者と面会し協力を申し出た。代表者は国際的な先住民運動の当事者であり、映像の可能性についても理解があったため、こちらの申し出は即座に受け入れても

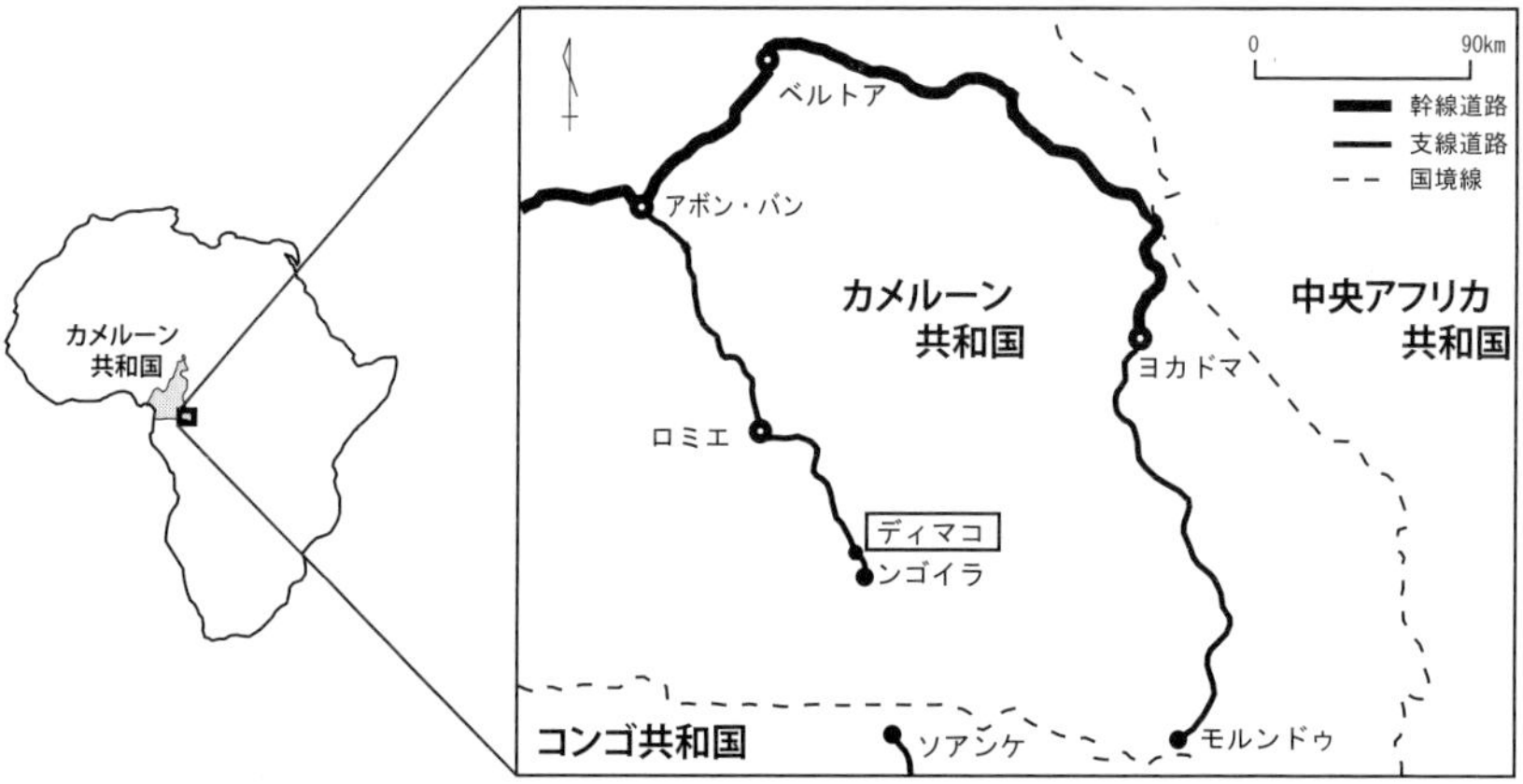

図１　カメルーン共和国と東部州の調査地域
調査集落のディマコ．ロミエがアスバックの拠点となっている町．アボン・バンにはカダップ，ベルトアにはオカニという先住民組織が設立されている．

らえた(1)。

このように、私が参加型の映像制作に取り組むようになったのは、長年に渡るフィールドワークと、自身が映像制作を行ってきたという経緯があったからである。しかし、初めて開催したワークショップにおいて、私は数々の失敗を犯してしまった。先の参加者との決裂は、その顕著な例だといえる。初めての試みを通じて学んだ注意点は、主に以下の3つであった。

（1）費用の負担

本ワークショップを開催するにあたって、必要な機器を購入する費用や講師としてカメルーンの映画作家を雇う費用を私が負担することは、はじめから予定していた。誤算だったのは、参加者に対して参加費用を支払わなければならないということだった。事前に、こちらは無償で映像制作の技能を教授すると伝えていたため、参加にかかる費用については参加者が負担してくれるものと思っていた。しかし、アスバックのオフィスで打ち合わせをした際に、最初に話題に上ったことは、参加者に対する費用がどれだけかかるのかということだった。交通費、宿泊費、食費とパソコンで丁寧に作成された「費用の概算」を手渡されたときは困惑してしまった。

結局、こちらがすべての費用を負担することにしたが、ワークショップの期間中も何かにつけて金銭のことが問題になった。「移動に使用した車のガソリン代が必要だ」「撮影に協力した集落の人びとに振る舞う酒代が必要だ」などの要求が続いた。そして、その最たるものがワークショップを途中で辞退すると言い出した参加者から、最終日までの滞在費を要求されるという出来事だった。組織の対応からは、外部から持ち込まれた企画において支出するつもりはまったくないという感じを受けた。

先住民組織はそれぞれに外部組織からの援助を受けて運営されている。また組織で働く者は、その援助によって生活している。そのような人びとと共同することの難しさは、とりわけ金銭をめぐるトラブルとして顕在化することを痛感した。ワークショップを援助活動の類という認識のもとで実施すると、その費用は主催者側がすべて賄うことになってしまう。企画の趣旨や実施費用の負担については、参加者と充分に話し合ったうえで決めなければならない。

（2）映像制作技能の習得の必要性

ワークショップにおいて辞退者を出してしまった原因は、映像制作の習得のさせ方にもあった。当初私は先住民組織のスタッフが自らの手で映像作品を制作できるように指導しなければならないと思っていた。そこで、講師を務めてもらった映画作家にも、その旨を伝えて指導してもらった。

映像作品を制作するためには、撮影と編集の技能が必要になる。けれども、ビデオカメラのスイッチを押すだけで可能な撮影に対して、編集にはパソコンと映像編集用のソフトを使った作業が不可欠であり、その技能は一朝一夕で身につくものではない。実際に、喜々として撮影を行っていた参加者

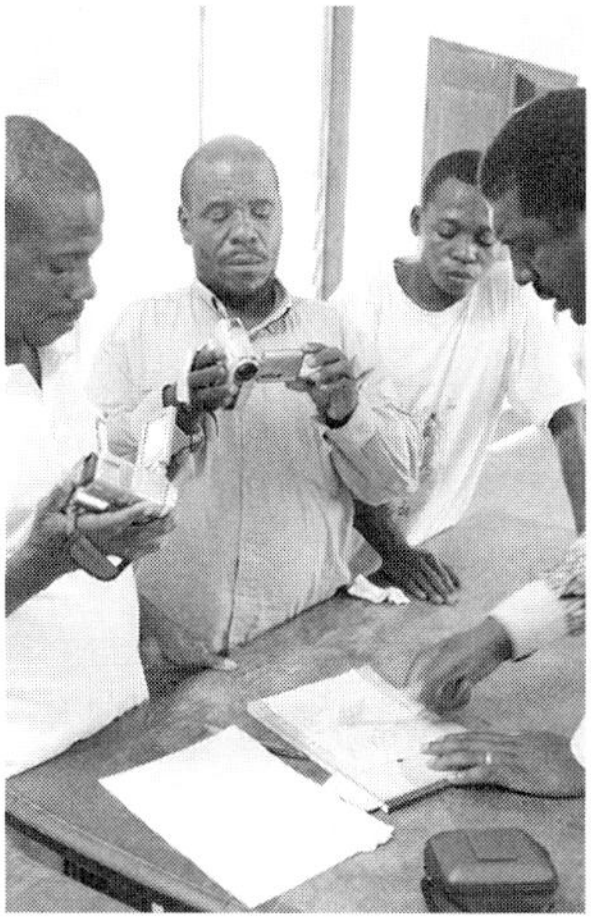

写真 1　ビデオカメラの使い方を学ぶ参加者たち

写真 2　パソコンで編集作業を行う参加者たち

たちが、編集になると頭を抱え、やる気を失ってゆく姿を目の当たりにした（写真1、2）。そこで参加者を鼓舞しようと努めた講師と参加者の間で確執が生じ、そのうちの一人が口論の末に辞退することになってしまったのだ。初心者と制作する際には、作品化を目的とした編集をせずに、撮影したものをそのまま上映し討論するという手法もあることを、当時の私は知らなかった。

ワークショップに最後まで参加した者は、口々に「やればできることがわかったのは収穫だった」といったが、私には同様の企画が再び持ち込まれない限り、彼らが自ら技能を磨き、映像を制作することはないように思えた。とくに習得が困難な編集作業を彼らが進んで行うとは思えなかった。そしてその予感は、残念ながら的中してしまう。寄贈したビデオカメラを使って彼らが映像制作を行っていないことを、翌年の調査の際に確認したのである。とはいえ、先のワークショップをきっかけに、外部の者による制作であっても、彼らが積極的にかかわることは今後もありうると思う。また、制作した作品を公開することを通じて、必要な援助を獲得することができるかもしれない。これまでの試行錯誤を通じて、先住民組織の人びとが映像制作を完全に習得することは難しいということ。また、その技能の習得はそれほど必要とされていないということがわかった。そしてこれらの経験から、彼らのために映像を制作するのであれば、外部の者が彼らと共に制作にあたり、試写会と討論を重ね、技能のある者が編集を行うという方法が有望であるという認識を得ることができた。

（3）参加者の選定方法

この企画はバカの3つの組織の協力を得て実施した。プロジェクトを実施するにあたって、初めにオカニ（OKANI）という組織の代表者と電子メールで連絡をとった。他の2つの組織とは電子メールによる連絡が取れなかったため、オカニから他の組織への電話連絡を依頼していた。ところが、これらの連絡は充分に行われていなかった。私はオカニの代表者が「アスバックの代表者は兄弟のようなものだ」といっていたことを半ば頼りにしていた。しかし、実際は組織として競合している面もあるはずで、共同するのは容易ではないことが伺えた。

現地の事務所を訪ね、アスバックのスタッフと打ち合わせをした際に、カダップ（CADDAP）という組織に連絡をとって、2名の参加者を招聘するように依頼した。しかし、ワークショップの初日を迎えてもカダップからの参加者は現れなかった。これはカダップの代表者が参加候補者に連絡を取らなかったためだった。アスバックのスタッフは「カダップはいつもそうだ」と非難していたが、私とカダップの代表者とは、当時まだ面識がなかったため、私への不信感からスタッフの参加を保留していた可能性も高い。結局、一日遅れで到着したスタッフは、ジメ（Nzime）とマカ（Maka）というバカとは別の民族の出身者だった。カダップは代表者だけがバカの出身だということすら、私は知らなかった。

振り返って、私は罵られるだけのことをしていたのだと思う。件の女性は、このカダップから派遣された人で、おそらく何のためにどのようなワークショップに参加するのかわからないままやって来たのだと思う。カダップに対して、事前の充分な説明と信頼関係の構築という基本的な過程を欠いてしまっていたことは、ひとえにこちらに非のあることだった。

さらに私はオカニに対しても失態を演じてしまった。企画の初期の段階から協力してもらっていたにもかかわらず、予算と開催場所の都合により、最終的にオカニのスタッフの参加を断らなければならなくなってしまったのだ。そのため、ワークショップの期間中に視察にやって来たオカニの代表者に、「なぜアスバックなのか？ カダップの2人などは、この経験を生かせないのではないか」と叱られてしまった。すぐに引き返してくれたからよかったものの、一時はどうなることかと思った。

これらのことから、〝ワークショップの対象とする人びととは直接会って交渉する必要があること〟、また、〝組織の選択や複数の組織と共同する際には組織間の関係に注意が必要であること〟がわかった。これらのことは、一般論としては当たり前のことかもしれないが、バカの先住民組織の具体的な状況については、やはりワークショップを実施しなければわからなかった。

反省点はいくつもあったものの、やはりやってみて初めてわかったことがあった。そして、参加してくれた人びとにとっても得るところがあったと思える場面が、ワークショップの過程において随所に見られたのである。

初めての試み

ワークショップの参加者は、アスバックの3名、カダップの2名。そして講師としてカメルーンの映画作家2名に協力を依頼した。主に講師が進行を担当し、私は状況の観察と記録を行った。

会場は、オランダのボランティア財団SNVから引き継いだアスバックの施設とした。主な理由は、私が長年調査を行っている集落から最も近い町にあるということ、そして電気が利用できるということだった。私が持ち込んだ機器は以下のものであった。小型ビデオカメラ2台、三脚1台、小型の録音機1台、プロジェクター1台、映像編集用のノートパソコン1台。これらに講師が所有するパソコン1台を加えて制作に臨んだ。

ワークショップの構成は、5日間で短編作品を完成させるという目標から、最終日が「上映・討論」、その前日が「編集」、その前日が「撮影」と、後半の3日間については必然的に決まった。しかし、どのような作品にするのか、制作を始めるうえでどのような導入が有効かということについては、現場の状況にもよるため予め打ち合わせはしなかった。本ワークショップの詳細については別稿（分藤 2012）があるため、とくに成果があった取り組み、「フィールド映像術」にかかわる事柄についてだけ述べる。

まず、初日に「既存の映像作品を視聴し討論したこと」は、参加者に映像作品ついて具体的に知ってもらうために、また自分たちの作品のイメージをつかんでもらううえで有効だった（表1）。また、私はバカを対象とした記録映像を数多く視聴してきているが、バカの人びとと共に視聴し、彼らのコメントを聞く機会は乏しかったため、たいへん貴重な機会となった。静止画であれ動画であれ、調査の対象者と共に映像を視聴することを通じて得られる情報には、単なるインタヴューからは得られないものがある。

次に、自分たちの映像作品を制作するにあたって、バカ社会の問題点を洗い出す作業を行った。そして、挙げられた問題点をもとに、バカ社会の窮状を訴える手紙を書くことを講師が提案した。講師は、手紙は映画のようなものであり、映画は手紙のようなものであると説明した。最初からシナリオを書くのではなく、手紙を書けば、それがシナリオになるというのである。この提案を受けて書かれた手紙において、ほ

表1　映像制作ワークショップの工程

	3月21日	3月22日	3月23日	3月24日	3月25日
①	既存の映像作品の上映・討論	シナリオの作成	集落における撮影	映像編集の実習	仕上げの編集
②	バカ社会の問題点の列挙	三脚を使った撮影実習	撮影した映像の粗編集（パソコンへの映像データの取込）	仏語のシナリオをバカ語に翻訳	完成作品の上映・討論
③	撮影実習	集落における撮影の趣旨説明	追加撮影	シナリオ朗読の録音	
④			シナリオ朗読の録音		
備考	アスバックの3名で開始.	カダップの2名が参加.			CADDAP の 2 名が辞退. カメルーンの人類学者1名が参加.

とんどの者が「学校教育の普及、疾病対策・治療の改善、他民族との対等な関係」を取りあげた。これらは、とくに彼らが関心をもっている事柄ということになるだろう。その後、参加者がそれぞれに書いた手紙を一通の手紙にまとめる話し合いのなかで、不明な点を議論し、表現を検討した。この作業には、出来上がったシナリオ以上の価値があったと私は考えている。この議論はアスバックのバカの男性たち、カダップのマカとジメの女性たち、そして講師となった首都在住の映画作家という、これまでに顔を合わせることのなかった人びとが真摯にバカ社会の問題点について話し合う機会となったからである。その過程で挙げられた点は、私がそれまでに把握したつもりになっていた項目をはるかに超える多様なものであった。思えば、集落における通常の調査では「バカ社会の問題点は何か」というような抽象的な問いを投げかけることは避けていた。けれども、先住民組織のスタッフに、映像制作上の課題として話しあってもらうことで、私はバカ社会の問題点を初めて包括的に知ることができたのである。

シナリオが完成したところで撮影に取りかかった。手紙のトピックごとに相応しい対象を選択し、参加者自身によって、ほぼすべての撮影が行われた。撮影に先立って、集落の人びとに対してアスバックのメンバーがバカ語によって事情を説明し理解を求めた。そのため、バカの集落で行った撮影は、被写体となった人びとが演技をするシーンが多かったものの、人びとは躊躇することなく、むしろ嬉々として演じているように見えた（写真3）。

写真3　バカの集落での撮影風景

このような結びつきは、バカの人びとがバカの人びとのための映像を制作しようとしたことによって生まれたものであって、事前の説明をバカ以外の者が、バカ語以外の言葉でしたのでは、あのような協力は得られなかったと思われる。

4日目に行ったシナリオの翻訳も大事な作業だった。ワークショップはフランス語で行われ、元のシナリオはフランス語で書かれていた。しかし、作品制作の目的はバカの人びとに視聴してもらうこととしていたため、バカ語に翻訳する作業が不可欠だった。この作業を通じて、バカの参加者は自分たちの活動を、一般のバカの人びとに伝えるために、どのような言葉を使えばよいのか考えることになった。

最終日の上映・討論は、ワークショップを通じて最も重要な局面となった。とくに、カメルーンの大学院生に参加してもらったことが有益だった。参加者の間では、バカ語版があるためバカの人びとにとってわかりやすいものになっており、人びとの問題意識を喚起するうえで役に立つだろうといった肯定的なコメントが多かった。それに対して人類学を専攻する大学院生は、シナリオの内容について、バカと近隣の民族が対立的に描かれていることを「適切ではない」と指摘し、相互理解が可能な間柄として描く必要性を説いた。この経験から明らかになったことは、映像制作に参加しなかった者に上映・討論に参加してもらうことによって、より生産的な議論が可能になるということであった。参加型の映像制作とは、制作のプロセスだけではなく、制作後の上映の場において賛否の議論を喚起することにあるという確信を私は得ることができた。たとえ完成度が低いとしても、むしろ出来の悪い映像を共に視聴することによって、議論が盛んになり、調査者はそこで多くを学び、描かれた事態に対する認識や、参加者相互の理解が深まる。この点は機器の進歩によって上映が容易になった今日、フィールドにおける映像術として特筆に値するだろう。最終的に、完成した5分ほどのフランス語版とバカ語版の作品はＤＶＤに収録してアスバックとカダップに贈呈した。

再開の試み

次の調査の機会は翌年にやってきた。準備期間が短く、また予算やスケジュールの都合から、映像制作のワークショップの開催は見合わせた。替わりに、カメルーンの映画作家と共同して、前回かかわった3つの組織を紹介する映像作品を、代表者のインタビューを軸に制作することにした。加えて、制作の意義を検討するために、カメルーンの学生を対象とした、上映セミナーの開催を試みることにした。

２０１2年の8月に、まずはオカニの代表者のもとを訪れた。私の目的は、組織の活動や代表者の経歴を詳しく知ることにあった。撮影をともなうインタビューでは独特の緊張感が生まれ、通常のインタビューよりも積極的に話してもらえることがある。目の前にいるインタビュアーだけではなく、多くの聴衆を意識して話すことになるからだ。実際に、このインタビューは長時間にわたったにもかかわらず真摯に応じてもらうことができた。

2回目の調査では、組織の代表者が提案するテーマで撮影を行う予定にしていた。それは、前回のワークショップでは、「バカ族の窮状を訴える」作品というように、こちら側がテーマを設定してしまい、組織が望む作品の制作ができなかったからである。オカニから提案されたのは、近隣のバカの集落で実施されている「頼母子講《たのもしこう》」の取材だった。頼母子講とは、ある集団の成員が定期的に金銭を持ち寄って貯金し、そのお金を必要に応じて成員に提供するという相互扶助のシステムである。人びとが暮らしを支え合う文化として世界的に広く実践されており、有効性を示す実例も数多く報告されている。またその反面、貯金の持ち逃げなどの不正行為によって台無しになってしまう例も少なくないといわれている。とくにバカの人びとの間で成功しているという話を、私は聞いたことがなかった。ところが、あるバカの集落において女性たちによる頼母子講が成功しているというのである。貯めたお金を、成員の医療費や子どもの学費として有効に活用しているという。

さっそくその集落を訪れ、オカニから協力を依頼してもらったうえで撮影を始めた。そこで起こったことは、同行していた映画作家が「この映像は（フランスのテレビ局などに）売れる！」と身を乗り出してきたことだった。先のオカニの取材撮影では、淡々と仕事はこなすものの、あまり乗り気になっている様子はなかった。けれども、プロとしての直観が働いたためか、私にかまわずたいへんな勢いで撮影を始めた。その手腕は見事なもので、演出もまじえながら女性たちを誘導し、頼母子講の実態を次々と映像に収めていった。私は録音係として使われながらも、自分では描けなかったであろう人びとの営みが映像化されてゆく様を感心しながら見つめていた。私は映像制作のお膳立てをしただけで、後はバカの組織がテーマを定め、カメルーンの映画作家が制作を引き受けた。そのことによって私は多くの情報を得ただけではなく、今後に生かしうる映像作品を手に入れることができた。つまり、3者がそれぞれに得るところのある企画が、映像を介して突如として成立したのである。これは、組織が提起するテーマが、映画作家の関心をひけば、彼らの間で映像作品の制作が実現する可能性があることを示唆している。両者の結びつきを強化すれば、私の関与を必要としない制作が実現するかもしれない。

後日に実施したアスバックとカダップの代表へのインタビューと関連映像の撮影は私自身が行った。始めにオカニで撮影したインタビュー映像を見せたことによって、アスバックもカダップも積極的になり、自分たちの取り組みを他の組織と競うように紹介してくれた。こうして手に入れた映像素材を映画作家に渡して編集を依頼した。この編集作業を通じて、協力してくれたカメルーンの映画作家は、バカの先住民組織について詳しく知ることになり、とくにカダップの代表者とは気さくに話し合い、活動の普及に関して助言を与えるほどになっていた。彼らの間に協力関係が生まれたことも、成果の一つだといえるだろう。

最後に、まとめとして上映セミナーを実施した。前回のワークショップに参加した大学院生に、3名の学生を勧誘してもらい、ホテルの一室に集まってもらった。参加してくれたのは、人類学や映画制作を学ぶヤウンデ（カメルーン共和国の首都名）第一大学の学生だった。彼らに制作過程のものも含めて4作品を視聴してもらい、問題点や感想を紙に書いてもらった。そして、各作品について口頭でのコメントを求めた。事前に、上映する作品は完成した作品ではなく、これから修正・改善する作品として紹介し、どうすればより良い作品になるかを考えて助言して欲しい旨を伝えた。結果として回収できたコメント用紙と録音データは今後の研究・創作にとって貴重な資料となった（写真4）。

作品に対する学生たちのコメントは概ね次のようなものだった。まず、前年のワークショップで制作した作品に対しては、バカ社会の問題点が網羅されているが、個々の問題に関する具体的な説明が不足しているため、わかりにくいというコメントが多かった。これらの批判は、作品を修正するうえで有益であり、制作にかかわった者に届けるべきメッセージとなっていた。次に、頼母子講の紹介作品については、映画作家がわかりやすく作った

写真4　上映作品に対するコメントを書くセミナーの参加者たち

ためか、とても好評だった。バカの人びととの生活改善に向けて、外部からの働きかけはさまざまに行われているが、バカの人びと自身による取り組みの事例は貴重で、他の民族集団の人びとにとっても参考になるとのコメントがあった。

最後に上映セミナーに対する４名のコメントをまとめると、「バカ社会の開発が進んでいるというニュースや、開発の推進について肯定的な意見は多いが、利益を得ているはずの人びとが実際に置かれている状況については知られていない。上映セミナーには、当事者が置かれている状況や当事者の意見を外部の者に知らせる機能がある。これからは、首都にいながら地方の人びとのことを考えるのではなく、人びとのもとに出かけていって、現地の状況を把握したうえで、改善に向けた取り組みを行う必要がある。映像は、そのような意識を喚起してくれる」ということだった。参加してくれた学生のうち、以前から直接的にバカの人びとのことを知っている者は一人しかいなかった。他の学生は、人びとが歌っている姿をテレビで見たくらいだといっていた。

以前より私は、カメルーンの国内で、とりわけ首都においてバカの人びとの暮らしを紹介したいと思っていた。とりわけ、これからのカメルーン社会をつくってゆく若いエリート層に知ってもらう必要を感じていた。本セミナーは、ささやかではあっても、その端緒となったのではないだろうか。ヤウンデ大学では、学内で上映会を開くためには当局の許可が必要だという。そのため、実際の開催は稀なことだという。そうであればなおさら、ポータブルな上映機器を駆使して、小規模の上映セミナーを数多く開く意義があるのではないか。町や集落においてさまざまな人のもとで上映会を実施し、認識と議論を深め、作品の修正や新作の制作を行ってゆく。フィールド映像術の一つの形、あるいは映像を活用した研究の可能性が、２回の取り組みを通じて明確になってきた。上映と討論の機会をいかに増やすのかが、今後の研究・創作の鍵だと私は考えている。（2）

参加するということ

「参加型映像制作」という言葉は、Participatory Videoという言葉のとりあえずの訳である。一般にParticipatory Videoとは、参加する人びとが映像を制作することを通じて、自らが置かれている現状を見つめ直し、その状況に積極的にかかわること、事態の改善を促すことを目的として実施されている。このような活動は１９６０年代半ばのビデオの誕生とともに始まり、１９９０年代のデジタルビデオカメラの登場によって映像の制作が容易になったことで、世界各地でさまざまな取り組みが行われている。２０１２年に出版された『参加型映像制作ハンドブック』によると、とくに２０００年代以降、調査機関や研究者、政策担当者やアクティビストなどの間で急激に関心を集め、人びとの共同体への関与を強化したり、意志決定の過程への働きかけを促したり、ひいては社会変容を引き起こす手法として参加型映像制作が盛んになってきているという（Mitchell et al. 2012）。それらの試みを反映して、この浩瀚な書籍は、社会学、地理学、コミュニケーション研究、教育学、ジェンダー研究、平和学、開発学、社会福祉、保健といったさまざまな分野の49名によって執筆されており、参加型映像制作が幅広く展開している状況が紹介されている。

むろん参加型映像制作にも問題点はある。とくに「参加」をめぐっては、開発学の分野において蓄積されている議論を参照しなければならない。開発の分野では、第二次世界大戦以降、経済的な発展を主眼としたトップダウン型の開発が行われる一方で、地域住民の主体性を重んじ、「参加」を基礎とした援助が進められてきた。そして90年代以降、冷戦終結後の民主化運動の流れもあって「参加型開発（Participatory Development）」が推進されるようになってきた。参加型開発とは「開発の受益者である地域住民が開発の政策決定過程に『参加』することによって、住民の主体性・自立性・独立性を確保する開発の方法である。それは、住民の開発における『公平性』を保ち、自ら問題解決能力を高める『エンパワーメント（自己問題解決能力、自らの向上力）』の要素を含んでいる」（重田２０１１）というものである。この参加型開発の急速な普及に対して、２０００年以降、開発における「参加」は支援者による押しつけであり「圧政（tyranny）」であって、被支援者のエンパワーメントに繋がっていないとの批判が起こっている（Cooke et al. 2001）。そして、その批判に対して、参加型開発を単純に切り捨てることこそが独断であり「専制（tyranny）」であって、個別・具体的な事例を丹念に拾い上げて検討する必要性が説かれている。そして専制に陥らないために、当事者どうしの駆け引きを重視したアプローチが提唱されている（真崎２００８）。

映像の力は、異なるものどうしを結びつける力である。撮る者と撮られる者だけではなく、撮る者どうし、撮られる者どうしも結びつける。そして、見る者と見られる者だけではなく、見る者どうし、見られる者どうしも結びつける。結びつける力は両者を同化する力ではなく、むしろ出会わせておいて、両者の差異を際だたせる力である。衝突が起こることも稀ではないが、異なる者が相互に影響し合うことで意外な効果が生じる。その効果を生かすのは容易なことではないが、それはフィールドワーカーに求められる能力であり、参与観察の能力だと私は思う。映像制作とは、打ち合わせ、撮影、編集、上映、討論という過程の総体であり、その取り組みは、人びとが出会い、関係を築き、共に生きてゆくという過程を劇化する。映像制作にたずさわることによって、人びとは非日常的な経験を通じて日常的な事柄に対する認識を新たにする。そして、自分やまわりの人びとに対する新たなイメージをもち、そのイメージによって新しい人間関係、共同体や社会を作るようになる。こうして参加型映像制作は社会を変容させることに貢献するのである。ただし、思いがけない形で。

私が専門とする映像人類学という分野では、調査地の人びとが抱える問題に積極的に関与する研究・創作が２０００年代から盛んになってきている。応用映像人類学（Applied Visual Anthropology）と称する新しい分野は、フィールドの現状を描くという映像人類学の本来の姿を批判的に受け継ぎつつ、参加型映像制作の実践や、開発学における議論とも繋がりながら展開している。そこで応用映像人類学の掲げるキーワードの一つが「干渉、介入（Intervention）」である（Pink 2008）。私は介入者としての自覚―反省を怠ることなく（しかし、介入者ではないフィールドワーカーなどいるのだろうか?）、これからも映像制作を通じてバカ族の共同体に参加し、人びととの結びつきを更新してゆきたいと願っている。

注

（1）ASBAK（Assosiation des Baka）は１９９９年に設立され、現在は11のバカ族の集落によって構成されている。組織の目的はバカの権利を守ることであり、社会的に周辺化されている状況や、同じ地域に居住し主に農耕を営んでいるバントゥー系の民族に従属している関係を改善することなどとしている。

（2）作品はYoutubeの私のチャンネルで公開している。https://www.youtube.com/channel/UChA0xJceP3GC_sfoxhvyjfw

参考文献

重田康博（２０１１）ＮＧＯの参加型開発と共生―参加型開発の有効性を問う議論から―、「宇都宮大学？国際学部紀要　多文化公共圏センター年報」第３号 pp.23 ~ 40.

分藤大翼（２０１２）先住民組織における参加型映像制作の実践―共生の技法としての映像制作、「アジア太平洋研究」No.36（成蹊大学アジア太平洋研究センター）pp.21 ~ 38.

真崎克彦（２００８）訳者序文――「専制」「行為性」「ラディカル・ポリティクス」について、『変容する参加型開発――「専制」を超えて』（サミュエル・ヒッキイ、ジャイルズ・モハン編著、真崎克彦監訳）、明石書店.

Cooke, Bill and Kothari, Uma eds. (2001) Participation: The New Tyranny, Zed Books.

Mitchell, Claudia., Milne, E-J and Naydene de Lange eds. (2012) Handbook of Participatory Video, AltaMira Press.

Pink, Sarah ed. (2008) Visual Interventions: Applied Visual Anthropology. Berghahn Books.

9 メディアに還《かえ》っていく

「市井の人びとによる記録」のアーカイブづくりにみる、映像と人の協働のかたち

松本 篤
MATSUMOTO Atsushi

隔たりを生きる

パーソナルな視点によって残された「記録」の潜在的な価値を探求する。そんなデジタル・アーカイブ・プロジェクトが、現在進行している。ＡＨＡ！［Archive for Human Activities/人類の営みのためのアーカイブ］という取り組みだ（以下、ＡＨＡ！）。目下、昭和30～50年代にかけて映像史上初めて一般家庭にひろく普及し、今では家の押し入れに眠ったまま劣化・散逸の危機に直面している「8ミリフィルム」という映像メディアに焦点をあて、その〈収集・公開・保存・活用〉といった各フェーズのデザインに取り組んでいる（写真1）。

プロジェクトは、２００2年に大阪で設立された「記録と表現とメディアのための組織」（以下、remo）という特定非営利活動法人を母体として、２００５年に始動する。現在は30歳代前半の現代美術家、

写真1 『花嫁の門出』昭和37（1962）年
8ミリフィルムからデジタル化.

デザイナー、研究者など、さまざまなバックグラウンドをもった大阪在住のコアメンバーと事例ごとに参加する現地のメンバーが、流動的にチームを編成している。私は、このプロジェクトの発起人として始動当初から深く従事しつつ、資源として扱われていなかったものが資源として見なされていく「資源化」のプロセスに関心をもち、参与観察に取り組んでいる。つまり私は、このメディア実践の当事者かつ観察者として、関与しているのだ。

ＡＨＡ！はこれまで、国内の地方自治体や大学機関、美術館や福祉団体など、さまざまなパートナーと協働関係を構築しながら展開してきた。芸術の活動として、コミュニティづくりの実践として、地域福祉のアクションとして、観光のイベント事業としてなどなど、パートナーによってＡＨＡ！の位置づけはそれぞれ異なる。プロジェクトは、さまざまな文脈のなかに置かれ、それに即した方向性や目標が弾力的に設定されながら展開していく。

ＡＨＡ！は大阪を拠点としつつ、福岡県福岡市、宮城県仙台市、茨城県大子町、岐阜県大垣市、青森県青森市など、全国の地域に活動の場を広げている。ただし、特定の地理的範囲をさす「地域」という概念は、ＡＨＡ！にとっては「地」として背景化されるものになる。そのかわり、「図」として前景化されるのは、フィルムが眠っている「家」、廃校になった小学校の「倉庫」、フィルムをデジタル化する「作業室」、映像を公開する「集会所」、予算や計画について議論する「会議室」、映像が収録されたＤＶＤが貸出される「図書館」、ＤＶＤの利用者の「家」など、8ミリフィルムが〈収集・公開・保存・活用〉の各フェーズを移動していく経路である。つまり、私たちのフィールドは、市井の人びとが残した個人的な映像のなかに、見るという行為のなかに、映像と人が動いている場のなかに、フィルムが姿かたちを変えながら辿るプロセスのなかに広がっているのだ。

これらのフィールドに分け入って行くなかで、私は常々こんなことを考えている。今ここにいる

「私」と、時間や空間を大きく異にするどこかの「私」とのあいだにある隔たりに、どんな意味があるのだろうのか。また、その隔たりに対してイメージはどのような効果を発揮するのか。つまりAHA！は、イメージを介した「他者とあるための技法」を発明し、考察しようとしているのだ。このプロジェクトがどのように生まれ、どのように展開していったのか、なぜ8ミリフィルムを扱うのか、〈収集〉から〈活用〉までのフェーズが整備されていく道のりを辿っていこう。

〈着想〉　イメージが動き出す

布団の真下からいきなり誰かに蹴り上げられたような心地がした。1995年1月17日早朝、当時14歳だった私は、兵庫県黒田庄町（現・西脇市）の自宅の寝室で大きな揺れを感じた。家族の無事を確認したのも束の間、テレビのニュースに映し出される光景を目の当たりにして、しばらく言葉を失った。

地震発生から3週間後、私は神戸市東灘区の小学校にいた。私が通っていた中学校の有志数人とともに、ボランティア活動をするためだ。風がとても強く、街中の至るところでブルーシートが音を立ててはためいていた。炊き出しの香り、アンモニア臭、焼け焦げた匂い、それらが混ぜこぜになって避難所を包んでいた。そんななか、体育館の入口で座り込む女性の姿が目に留まった。よく見ると、お腹がうっすら膨らんでいる。次の瞬間、女性と私は一瞬目が合った。女性のまなざしが、とても印象的だった。

阪神・淡路大震災から10年後の2005年、私は、「映像を囲む場づくり」を実践・研究している remo という大阪のNPOで、さまざまな企画の立案・運営に携わっていた。remo が設立された2002年当時は、コンピュータや映像機器の高品質化・低廉化にともなって個人を発信源とした映像の記録や表現が続々と現れだした時期だった。remoでは、未だ価値の定まらない映像の「作り手」と「受け手」との出会いの場をつくることによって、両者の境界を取り払い、映画やテレビなどの既存のものとは違ったメディアの可能性を切り開こうとしていた。たとえば、国内外のメディア・アートと総称される動向の紹介から、日々の暮らしのなかで機能する「文房具としての映像」の普及まで、取り扱う領域はきわめて幅広く、国際性・芸術性・社会性を追求した企画が数多く実施されていた。

remoでの刺激的な毎日を過ごすなかで感化された私は、自らある企画を立ち上げることにした。企画を立案するにあたって脳裏をよぎったのは、10年前に避難所で目が合った、あの女性のことだった。女性が無事に子どもを授かったとすれば、今頃10歳になる。しかし、その子どもは、母親があの場所で見たもの、聞いたもの、感じたものを経験していない。はたして同じ時間や空間を共有していない人と人とのあいだに横たわる隔たりに、どのような意味を見いだせるのだろう。また、そこに映像という記録物が媒介したとき、二人はどのようなかたちで出会い直すのだろう。この問いは、私にとってはとても意味のあるものだった。なぜなら、流通するイメージをとおして自己が経験していないことを想像／創造することは、私たちの「生」にとってきわめて根源的でありふれた営みだと感じたからだ。誰かが生産・所有するイメージが他の誰かに消費・所有されること、「私」から始まり、また別の「私」に還っていくこと、そこにズレやねじれをともなったクリエイティビリティが不可避的に生じること。このことを、自分の置かれている環境のなかで、つまり映像メディアに携わる立場から深く考えたい。そこから企画は出発した。

remoメンバーとの議論のなかで発案された当初のアイデアは、当時普及しつつあったビデオカメラや動画機能つき携帯電話によって、市井の人びとが記録した有象無象の映像群をアーカイブするプロジェクトだった。当時、アーカイブの取り組みは、もっぱら博物館（美術館）、図書館、公文書館、テレビ放送局などの高度な技術を有した一部の専門機関によって牽引されている状況だった。その取り組みの多くは、すでに価値化・歴史化されたモノをいかに〈保存〉するかという問題に関心が集まっており、死蔵と揶揄されていたように〈公開〉や〈活用〉といった観点は希薄といわざるを得ない状況だった。とりわけ映像に関していえば、映画産業の黎明期に制作された商業映画の〈保存〉がその中心を占めていた。この状況を踏まえ、商業的価値、あるいは歴史的なオーソライズに対するオルタナティブなアプローチとして、プロではなくいわゆるアマチュアが個人的な視点から記録した、現在の映像の〈公開・活用〉をめざすアーカイブをめざすことにした。

企画を具体化する段階で、プロジェクトの方向性を急展開させるニュースが飛び込んでくる。自分が記録した映像を投稿することによって、不特定多数とそれを共有できるという、私たちの考えていた『YouTube』というインターネット上の動画投稿サイトが、もうすぐオープンするというのだ。自分たことにかなり近いコンセプトは、すでに大量の資本の投入と最先端の技術に支えられて、実現化目前にまで迫っていたのだ。その知らせは、私たちに企画内容の見直しを促した。私は、インターネットという仮想空間上で行われるアーカイブのあり方が、近い将来において大きな影響を私たちの社会生活に与えるだろうと直感した。それと同時に、ヴァーチャルな映像コミュニケーションの重要性が高まれば高まるほど、映像を介して人と人とが「生」で出会う場所の希少性が高まるのではないかと予感した。「いつでも、どこでも」を指向する複製技術としての映像によって、「今、ここ」に強度がもたらされるという、転倒した力学が働くのではないかと考えたのだ。

ちょうどそのころ、映画館で映写技師の経験のあった現代美術家の友人（のちのAHA!メンバー）と話をする機会があり、そのとき初めて8ミリフィルムの存在を知る。フィルムの幅の長さに名称の由来があること。子どもの成長記録や旅行など、きわめて私的な記録物であること。普及し始めたころのフィルムはモノクロが主流で、音声は記録できなかったこと。専用の撮影機によって記録されたフィルムはカメラ店を介して現像所に持ち込まれ、現像されたフィルムは家のリビングなどで専用の映写機によって上映されていたということ。技術革新にともない、そのほとんどが各戸の押し入れの片隅に置き去りにされたまま、劣化、散逸の危機に直面しているということ。そして何より、映像史上はじめて個人用として普及したメディア（昭和30〜50年代）だったということ。8ミリフィルムが置かれている状況を理解するにしたがって、この古くなったメディアを対象にしたアーカイブに取り組むことの意義を感じるようになった。

個人的な視点によって記録された映像の価値を探求する。ヴァーチャルな空間上で行われるアーカイブのあり方に関心を持ちつつも、それとは違ったアプローチの可能性から出発する。現在の映像ではなく、過去の映像を対象にする。動画共有サービス『YouTube』が大きな注目を集めてオープンした２００５年の冬、奇しくもときを同じくして、8ミリフィルムのアーカイブ・プロジェクト、ＡＨＡ！は静かに動き始める。

〈収集〉 見えないものを見る

何十年もの間、家の押し入れに眠ったままの8ミリフィルム。そんな代物を相手に、どのようなアーカイブをデザインすればいいのか。プロジェクトは、始動当初から試行錯誤の連続だった。アーカイブをつくるとは言ったものの、ノウハウも知識もない。まったくの素人である私は、プロジェクトに賛同してくれる仲間を募るとともに、手探りで設計したおおまかなプランと現場の状況の往還を愚直に繰り返しながら、ふさわしいやり方を模索していくしかなかった。最終的には、〈収集・公開・保存・活用〉といった4つのフェーズが設定され、それぞれのタスクは洗練されていくのだが、ここではまず、フィルムの〈収集〉のフェーズで実施する「出張上映会」（口絵⑲参照）について、具体的な手順や手法が編み出されたいきさつをみていこう。

〈収集〉のフェーズは、フィルム提供の呼びかけから始まる。町内会や自治会といった地縁団体の協力を得て回覧板を作成し各戸に配布すると同時に、地縁的つながりの希薄な住民や昼間人口にもアプローチできるよう、メディアにプレスリリースを行う。私たちはまず、回覧板や新聞をとおしてフィルム所有者にどのようなメッセージを伝えるべきか検討を重ねた。その際に着目したのが、8ミリフィルムというモノが、フィルム所有者の内に潜む欲求とのあいだにどのような結びつきをつくるのか、ということだった。フィルムは確かに実体のある存在だが、そのままの状態では中味を見ることができない（写真2）。フィルムを再生させるための映写機やスクリーンがあって、初めてフィルムはフィルムになる。たしかに押し入れのどこかにはあるのだが、見ることができない以上、それはないものに等しい。はずれたリンクを再び接続させ、映像を見るための環境を整備することが、フィルムの〈収集〉につながる。そう考えた私たちは、フィルム所有者の関心を掻き立てるために二つのメッセージを発信することにした。

一つめは、AHA!が8ミリフィルム映写機を用意して、フィルム所有者宅に持ち込んで即席の上映会、出張上映会を行うというものだ。繰り返すが、8ミリフィルムは専用の映写機がないと見ることが

写真2　約60年ぶりに家の押入れから発掘された8ミリフィルム

できない。しかし、今となってはフィルム所有者が正常に作動する映写機を保有していることは、皆無に等しい。つまり、このメッセージによって、数十年前に撮影したものの、今では見ることができないフィルムへのアクセスが、フィルム所有者に再び開かれることになるのだ。

二つめは、フィルムの内容によっては、プロジェクト側の予算でデジタル化するとともに、DVDにして所有者にお渡しするというものだ。出張上映会が終了し映写機が引き上げられると、フィルム所有者は再びフィルムを見ることができなくなる。この事態は、フィルム所有者にとっては非常に残念なことだろう。しかし、フィルムからDVDに形式が変換された後は、AHA!の介在がなくても現在の家庭にあるAV環境で映像を鑑賞することが可能になるのだ。

上記の二つのメッセージによって、私的な記録物である8ミリフィルムが上映されるきわめて親密性の高い空間のなかに、存在するはずのない部外者が介在する状況が生まれた。ではさらに、AHA!が初めて実施した出張上映会のエピソードを紹介しながら、そこでのAHA!スタッフの働きに注目してみよう。じつは、この上映会が、〈収集〉のフェーズの方向性を決定づける重要な出来事となる。

2005年の冬、初めての出張上映会が、remoが入居するフェスティバル・ゲートという遊休施設から10分ほどに立地する、浪速区新世界の麻雀店兼自宅で行われた。その家には、たくさんの8ミリフィルムが眠っていた。お店のご主人のお話では、かつて同じ場所で理容店を経営されており、ご主人も理容師として店頭に立っておられたようだ。その頃は従業員も多く、結婚を機に購入した8ミリフィルム撮影機を使って新婚旅行や子どもの成長記録を撮られていた。当時はけっこうな熱の入りようで、家族を集めては頻繁に上映会をされていたらしい。しかし、視力や視野が失われてしまうベーチェット病という難病を発症されてからは、仕事もやむなく麻雀店へと職替えされ、趣味の8ミリフィルムも断念されてしまったそうだ。

数十年の空白を経て再び映像が甦るということもあり、ご夫妻は、ご子息の家族や親戚の方にもお声がけされていた。わずかな輪郭程度しか映像を認識できないご主人にはスクリーンに一番近いところに座ってもらい、ご夫人にはご主人や私たちのために映像の説明をしていただくようお願いした。私たちは、映写機を操作する映写技師と、フィルム所有者の語りを引き出す聞き取り役にわかれてそれぞれ配置についた。フィルムケースに残された手書きのメモを頼りに、撮影された順番に上映を始める。映写技師は、フィルムの保存状態や映写機の作動に細心の注意を払いながら映写作業に徹し、聞き取り役は、映像の撮影年代や撮影場所などの基本的な情報をフィルム所有者から引き出すとともに、専用のシートに書き留めていく（図1）。

スクリーンに映し出された数十年前の自分と対面したご家族は、一気に色めき立った。ご主人も、ご夫人の興奮した語りを手がかりに見えない目をこらしながら、スクリーンを眺めておられた。20分ほどが経ち、大阪での結婚式の映像から、伊豆での新婚旅行の映像に切り替わったころ、ご主人にある変化が起こる。それまでご夫人の語りに静かに耳を傾けておられたご主人が、急に「あのときにやった山登り！作ってもらったおにぎりの味、今でもよう憶えているわぁ」と笑いながらつぶやき始められたのだ。それを契機に、ご主

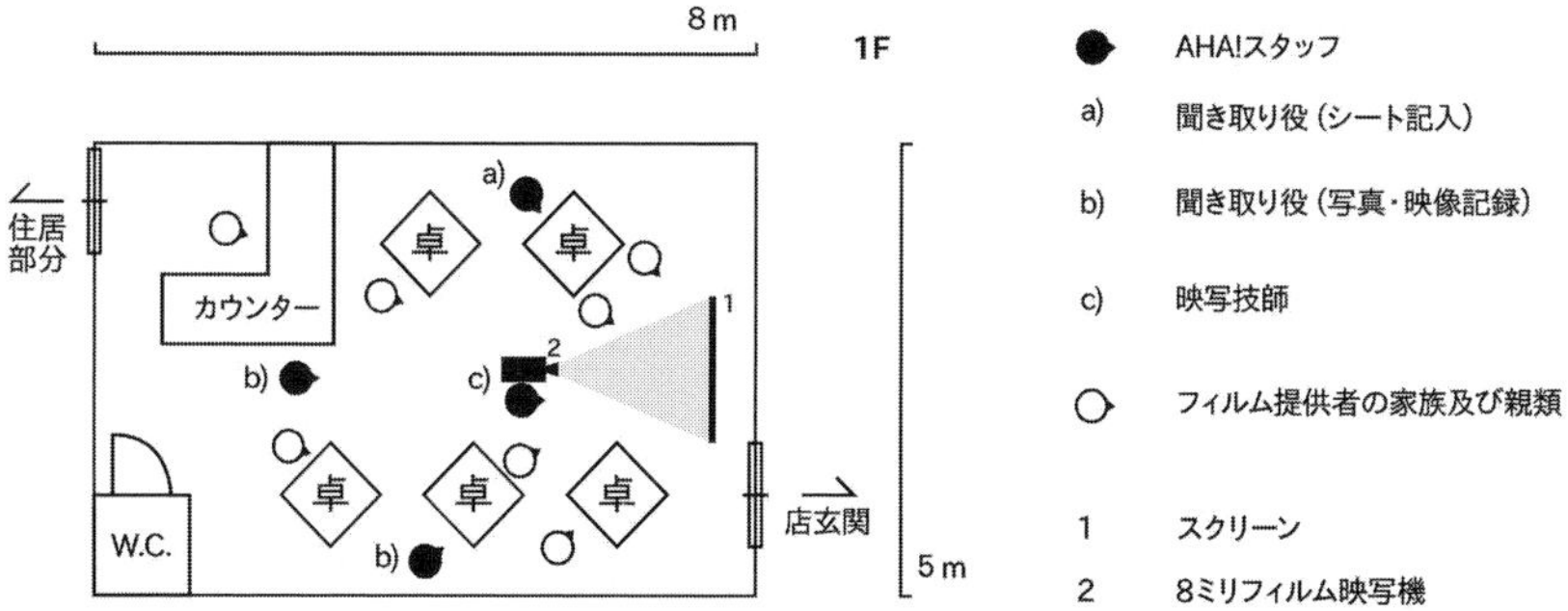

図1 「出張上映会」におけるスタッフの配置とその役割について

人の語りは、上映会が終わるまでとめどなく続いた。そのご主人の語りは、ご夫人やご家族の方の想起を刺激し、さまざまな語りを生み出し、上映会は大きな盛り上がりをみせた。

上映会を終え、私たちは remo の事務所に戻って一息ついていた。そして、それぞれ気づいたことや改善点について話し合っていた。そのとき、ご主人が語られたおにぎりの話について、気づいたことがあった。よくよく振り返ると、ご主人やご夫人がおにぎりを食べているシーンは、フィルムの始めから最後までどこにも記録されていなかったのだ。しかし、ご主人がぽつりと呟いた瞬間から、たしかに、ご主人がおにぎりを食べている様子がスクリーン上で像を結んだような錯覚に陥っていた。見えるはずのないものが、てっきり見えたような気持ちになってしまっていたのだ。私は、自分の想像力が無意識のうちに働いてしまったことに驚いた。この体験をとおして私たちは、何かを見たり、想像したり、想起する行為は、けっして個人の内的経験などではなく、その場にある映像や人、それを囲む環境を頼りにしながらきわめて共同的に組織化されるものなのだということを、身をもって知ったのだ。

プロジェクトは当初、フィルムという形のあるものやそこに映っている映像をいかにアーカイブするのか、という問題から出発した。しかし、この体験をつうじて、アーカイブという営みが問うべき高次な問題とは、フィルムや映像を媒介にして、いかに形のないものに触れるか、いかに見えないものを見るか、つまり、フレームの内側を見ることによっていかにその外側を見るのか、だと考えるようになった。この上映会以降、聞き取り役は撮影年代や撮影場所といった基本情報だけでなく、映像の上映をつうじて発話されたエピソードや感想など、記憶の断片を丹念に聞き取ることを始めた。また、その語りを書き込むためのスペースを、専用のシートのテンプレートに追加した。このような試行錯誤のなかで、スタッフの役割分担やタスク、必要な道具やツールなども発明され、〈収集〉のフェーズは徐々に整理されていくのであった。

〈公開〉　誤読する

〈収集〉のフェーズのデザイニングは、同時に、次のフェーズの〈公開〉のフェーズをも形作っていった。出張上映会を通じてご提供いただいたフィルムのなかから映像を選別し、公開するのが「公開鑑賞会」だ。このアイデアは、２００６年の初夏に実施された、ある出張上映会の経験から強い影響を受けている。それは、法事の余興として大阪市内の料亭で行った出張上映会での出来事だ。50人ほどの親戚が一堂に介する三回忌。享年80歳すぎの故人を偲ぶための法要がつつがなく終わり、昼食をとりながらの語らいのひとときが訪れる。お酒もほどよく入り、宴もたけなわ、いよいよＡＨＡ！の出番がやってきた。

上映するフィルムは、故人がかつて撮影した、家族や親戚が集まった冠婚葬祭の記録だ。働き盛りの頃の凛々しい姿や、お転婆だった幼少期の姿など、かつての自分と出会ってほしいという喪主の計らいが功を奏し、会場は隣の席の会話が聞き取れないほど大きな盛り上がりをみせた。そんななか、映像に釘づけになる少女の姿があった。彼女は、見慣れた母親の目の前で、自分と同じ年頃の母親がフィルムのなかで動いている姿に目が離せない様子だった。フィルムのなかに登場する世代にとっては懐かしいと思える映像でも、少女にとっては驚きや衝撃を強く感じた体験だったに違いない。

また、料亭の従業員が仕事の手を止めて、食い入るように映像を見ていた姿も印象的だった。なぜ、そんなにまじまじと見ているのだろうと不思議に思っていると、その答えが映像のなかに見つかった。映像の断片に、現在の建物に立て替えられる前の料亭の姿や、従業員の先代が映っていたからだ。フィルム所有者のご家族は、昔からその料亭で冠婚葬祭を執り行っておられ、その記録が残されていたわけだ。

鑑賞者は撮影者の意図に沿って映像を見ているわけではないし、喚起、想起されることも、語られることも鑑賞者によって千差万別だ。映像と人との多様な結びつき方を目の当たりにして、そこでの「誤読」ともいえる各々の映像に対するとらえ方の違いが、私たちにとってはとても豊かに思えた。この経験をとおして、同じ映像を見ながら、そこに集った老若男女がまるでそれぞれ違う映像を見ているような、また、スクリーンには映っていないものが見えてくるような、そんな時空間の創出をめざして、アーカイブにおける〈公開〉のフェーズのデザインに着手することになる。

ある映像に対して複数の見え方が現れ、それらが相互に働きかけ合う、そんな「誤読がうむ豊かさ」を最大限に増幅させる方法とはどのようなものか。私たちはまず、8ミリフィルムの上映方法について検討し、以下の方針を固めた。（1）映像は原則としてフィルムを映写機で上映するのではなく、デジタル・データに変換したものをコンピュータとプロジェクタを用いて再生させる。鑑賞会の参加者の語りを促したり、語りと映像を同期させることを狙うには、再生・早送り・巻き戻しなどの操作のしやすさが重要だからだ。（2）収集したフィルムにはほぼ音声が記録されていないが、その欠落をBGMなどで安易に補うことはしない。また、映像もできるだけ編集しない。その代わりに、フィルム所有者や被写体になった方を語り部としてお招きし、映像の上映に合わせて解説していただく。さらに、（3）鑑賞する環境を整える。たとえば、上映される映像のプログラムや地図を作って配布する。また、スタッフ用の手元資料として、映像に関連する情報や当時の物価、社会的情勢をまとめた年表などの資料を作成し、話題提供に備える。また、マイクとスピーカーといった機材を用意する。

以上の方針は、映像がアナログからデジタルに変換されたということ以上に、「見る」ことの文脈が大きく変容したことを意味する。映像はできるだけそのままに、周囲の環境や配置を操作することによって、かつてリビングで家族や近しい間柄でのみ「見る」ためのものだったものが、広い空間で当事者以外の人間に「見られる」ものへと変換されたのだ。

私たちは、次に「地域」というローカルな単位を利用して鑑賞会を行うことを決めた。昨今、つながりの希薄化が指摘されている地域コミュニティ。当該地域のかつての街並みや暮らしぶりが記録された映像という触媒を介在させることで、ある種のつながりが立ち現れる状況をつくることができるのではないかと考えたからだ。ただし、ここでいうつながりとは、地域的な紐帯を拠り所としながらも、映像の鑑賞という行為によって初めて出現する、個と個の即興的な邂逅である。その土地の「かつて」が映された無音の映像が、想起する、語る、聴くという各参加者のパフォーマンスを引き出す。それは、スペクタクルを伴ったエンターテイメントであるとともに、人を「地べた」から瞬間的に浮遊させる実験でもあった。つまり、地域コミュニティというものが同質性の元に成り立っているという固定観念を揺さぶり、足場を不安定化させることによって「個」から地域という属性を乖離させる企てなのであった。

ここで、2007年の夏に実施した『8ミリフィルム鑑賞会　阿倍野特集』のエピソードを紹介する。鑑賞会の会場は、現在も現役で使われている大正時代に建てられた町家。会場は、阿倍野区周辺にお住まいの方や遠方から駆けつけた方を合わせて、20～80歳台の来場者、約50人で埋まった。私たちは、会場に「ファシリテーター」と名づけた5人のスタッフを配置した。一人が司会進行。もう一人が進行の補佐役（サブ司会進行）。会場の中央にプロジェクタを操作するオペレーター。残りの二人が、会場後方に控えて参加者の語りを促すインタビュアー。運動会、七五三、孫の誕生など、5分ほどの長さに編集された映像を8本用意し、地図つきのプログラム表を参加者に配布した。また、2つの簡易スピーカーと4つのマイクを準備した（図2）。

　ファシリテーターの役割は、参加者の鑑賞や想起といった行為を促進させ、その場に活力を与えることだ。映像の上映が始まると、フィルム所有者に映像の解説をしてもらう。スクリーンの映像と、所有者と司会進行の掛け合いに誘発されて、すぐに他の参加者の方から声が挙がる。「映像のなかの子どもがもっていた千歳あめ、ウチの子もおんなじのもらってたわあ」と自分の子どものことを語りだすご高齢の女性。会場のインタビュアーがその声をマイクで拾うと、その語りをトリガーとして会場のそこかしこで語りが展開されていく。ただし、司会進行やインタビュアーの仕事とは、マイクで声を拾うことだけではない。場合によってはマイクを切り、来場者の隣で静かに映像を鑑賞し、その場が動きだす時をじっと待つ。つまり、映像の見え方や文脈が変容するその場に立ち会うことがファシリテーターの役目なのだ。

　鑑賞会の場は、ファシリテーターの力能だけで形づくられるものでは決してない。鑑賞会は、映像を媒介にした、ファシリテーターと会場の参加者、また鑑賞者どうしの共同作業の場なのだ。映像の再生によって生成されるイメージが、人と人との相互の働きかけを仲介し、その関係性は上映中に無数に立ち現

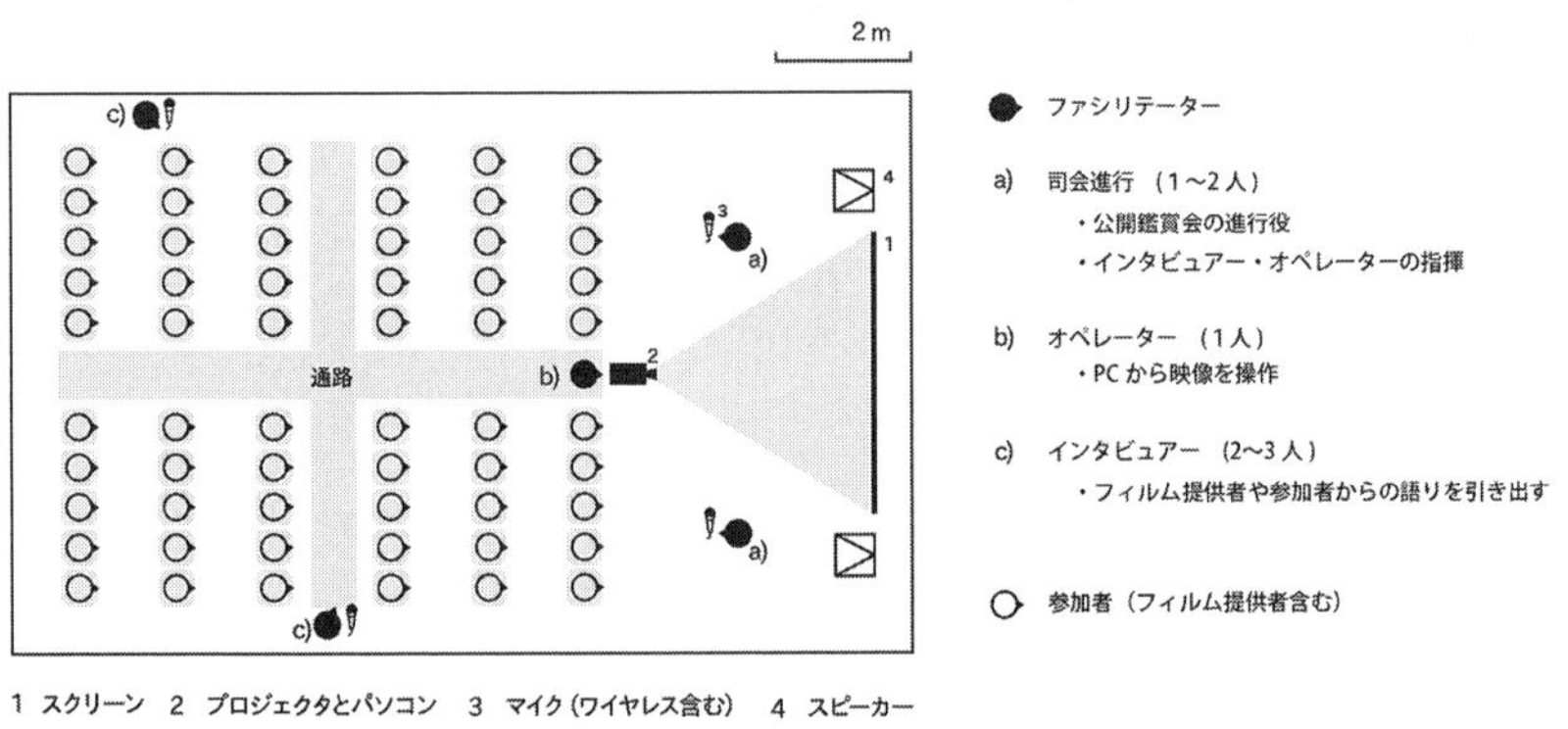

図2 「公開鑑賞会」におけるスタッフの配置とその役割について

れる。上映される映像、その映像にまつわる語り部のエピソード、その場に居合わせた参加者の反応。沈黙、ノイズ。さまざまな要素が思いもしないかたちで結びつき離れることで、その場に予想不可能でダイナミックなうねりが起きるのだ。映像の動きとともに差異が生まれ、さらに可視化され、消える。これまでの風景の見え方が激変する、再編成の場。ファシリテーターは、その状況を観察している。

数十年ものあいだ、押し入れに眠り続けていた極私的な記録物は、文脈や配置がズレていくプロセスのなかで、所有者の思わぬところで他者のパフォーマンスを誘い、いつしか多様な価値を帯びた財となっていく。「他人の子ども見て、何がおもしろいねん!?」。フィルム所有者は、鑑賞会が始まるまで、自分の提供した映像が鑑賞会にどのような効能をもたらすのかまったく知らない。所有者は自分が記録した映像に潜在する価値について、他者が介在することによって初めて事後的に気づいていくのだ。「頭のなかが、くにゃーってねじれた感じ! めまいしたわぁ。おもろいもん見せていただきました」。所有者の一人の感想を聞きながら、私は自分に問いかけていた。「この映像は、はたして誰のものだったのか、そして誰のものになっていくのか」と。この問いこそ、次のフェーズである〈保存〉や〈活用〉の方法がデザインされていくための鍵となっていく。

〈保存・活用〉出会いを組織化する

ともに映像を見るという状況をつくることをとおして、人と人とのあいだに関係的な効果を発現させようとするAHA!の試みは、意外なところから注目を集めることになる。2007年からの3年間、AHA!は大阪市浪速区地域福祉アクションプラン『わになろなにわ』の一環として、浪速区役所や社会福祉協議会、福祉施設、図書館、地域住民との協働で、8ミリフィルムのアーカイブ構築をとおした地域コミュニティ形成のプロジェクト、『昭和のなにわ わたしのくらし 古くて新しい出会いの場』（以下、『出会いの場』）に携わることになったのだ。

大阪市浪速区は、住民の孤立化という問題を慢性的に抱えている。区の転入率162・3‰・転出率132・1‰（2006年）はいずれも市内2位の高さ、また、一世帯あたりの人員数1・61人（2005年）は市内最少で、とりわけ高齢層と若年層に単身者が集中している。つながり意識の希薄化を食い止めるためには、顔の見える関係づくりが重要だ、新旧の住民が集う仕掛けが必要だ、そんな切実な思いを抱いた社会福祉協議会の職員が、地域福祉の知識や経験のないAHA!メンバーを『出会いの場』の中心に据えてくれたのだ。

3カ年かけてデジタル化できた約4時間の映像を、「住民懇談会」という既存の形式を借りて9つの小学校区を巡回公開するうちに、従来の地域福祉活動ではアプローチできなかった若い世代や外国人など、新しい参加者を鑑賞会に取り込むことができた。また、高齢者と若者が対話する場として機能し始めたり、長年同じ地域に住み続けた方が隣の地区に関心をもつようになったり、懐かしいという単なるノスタルジーに回収されないような、異世代・異地域間のコミュニケーションの場にもなった（写真3）。

「新旧の住民の出会いの場」をつくることをめざした取り組みは、徐々に認知されるようになり、一定の評価を得ることができた。「私たちにも映像を使わせてほしい」「一過性のイベントで終わってほしくない」「ウチのおばあちゃんにも見せてあげたい」「ゆっくり見

写真 3　公開鑑賞会が始まる前の **1** コマ
会に参加する親子.

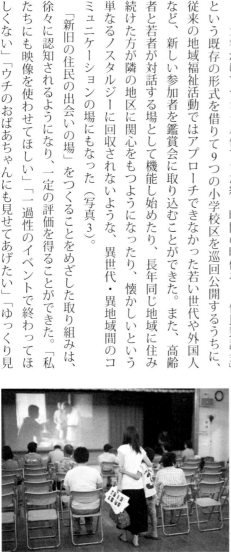

られる場所はないのか」「福祉施設の利用者に見てもらいたい」「授業で使えるかもしれない」という要望や意見が個人や団体、福祉施設、教育機関などから少しずつではあるが、着実に寄せられるようになったのだ。

映像と人は、それぞれ結びつきのある場所からいったん切り離され、一つの場で出会う。その後、人は各々の暮らしの場に戻る。映像はまた別の場所に移動し、再び人を集める。そんなリズミカルな分散と集合の繰り返しによって、映像と人は、非日常の経験を日常の領域に逆流させていく。『出会いの場』のメンバーたちは、参加者からさまざまな声が挙ってくる状況を「主体性や能動性の芽生え」だと前向きに捉えた。そして協議の末、恒常性・継続性のある活動としてさらに発展させようという結論に至った。

最終年の２００９年は、映像の利活用のための仕組みづくりに取りかかる。それは、ＡＨＡ！における〈収集・公開〉のフェーズに続く〈保存・活用〉の設計に着手することを意味した。まず、17人のフィルム所有者の許諾を得たうえで、４時間分のデジタル・データが収録されたＤＶＤを制作した。また、図書館を『出会いの場』に招き入れ、保存・貸し出しの仕組みを構築した。さらには、その仕組みを支える人材の育成のため、『ファシリテーター養成講座』を開講した。

〈保存・活用〉のデザイニングと対峙したＡＨＡ！メンバーは、数十年も前に記録された映像が提供者の手を離れ、時間と空間を隔てた誰かによって再生されることの意味を考えた。映像は、人と人とのあいだをつなげながらイメージを流通させていく。その逆も言える。人は、映像と映像とのあいだをつなげながら、ある場所から別の場所へとイメージを運んでいく。映像だけでなく人も、イメージを流通させるためのメディアになるのだ。

ここでＡＨＡ！メンバーは、重大なことに気づく。私たちは、人の記憶を外部化・物象化したモノ（記録物）のみを「メディア」と呼んでいるが、そもそも人こそが、読み込み可能、書き出し可能なそれであったということを。さらには、「メディア」という言葉が「媒介」と「媒体」の2つの意味を持っているということだ。そんな当たり前のことへの気づきは、ＡＨＡ！における〈保存・活用〉のフェーズの可能性をさらに押し広げた。いかに、映像と人を媒介へと戻すのか、イメージを運ぶ無数の動く点として再活性化させることができるのか。さらには、いかに、映像と人とを上書き可能な媒体へと「再び」戻すのか、イメージによって生成・消尽する関係を再び映像や人のなかに閉じ込め、移動したその先で再び展開させることができるのか。

映像と人を、イメージを流通させるための媒介に戻す。履歴が書き込まれ、更新されていく媒体に戻す。これまで取り組んできた、時間と空間をともにした映像の「誤読」の延長線上に、時間と空間を隔てた「誤読」の可能性が開かれていた。それは、映像の価値の探求を「いつでも、どこでも」から「今、ここ」に着目して始まったＡＨＡ！が、「いつでも、どこでも」という視座に再接続した瞬間だった。

メディアに還《かえ》る

２００５年の始動から２００９年までのＡＨＡ！の歩みを辿ってきた。これまでの取り組みに通底するＡＨＡ！の方法論とは何だったのだろうか。プロジェクトは、8ミリフィルムという対象に着目し、〈収集・公開・保存・活用〉といったアーカイブにおける4つのフェーズを導きだし、独自のやり方で洗練させていった。それは、映像の価値の探求を、あらかじめ設計されたプランにそって単線的・計画的にプロセスを進んでいくのではなく、映像がスクリーンの上で動いているその真っ只中に、進むべき方向をアドホックに見い出していくような、きわめてプラグマティックな実験の反復だったといえる。

映像というモノのもつ資材性（潜在的有用性）は、「見る」という人の能力によって見いだされ、耕され、プロジェクトを推進させる原動力となっていった。あるいは、人に見られるたび、映像は自らの潜在力をその内部に向かって深めていったといえよう。映像と人との分かちがたい結びつきが、プロジェクトのデザインに大きく作用した。ミクロなレベルでは、ファシリテーターの立ち振る舞い方や対話の方法といった身体技法や独自の哲学が精練されていった。マクロなレベルでは、前のフェーズと次のフェーズの連動が、プロジェクトの方向性を形づくっていった。つまり、映像と人との出会う場所がインターフェイスとなり、ＡＨＡ！の局所的、大局的、双方のレベルのデザインが彫琢されていったのだ。

映像と人は、厳然と横たわる隔たりを前にして、そのあいだを何とか埋めようとともに動き出した。否、埋めることのできない隔たりがあることによって、映像と人ははじめて媒介になれた。固さのある映像と人はともに融解し始め、イメージをまさにうつしていく。その時、マテリアリティというソリッドな概念は、一時的に無効化する。そして映像が止まると、映像と人は固い媒体に戻り、動き直す。イメージは映像と人に分け隔てられたかたちで保持され、固くなったまま新たな出会いを待ちながら無数の点として移動する。つまり、イメージの流通とは、人から映像へ、映像から人へ、さらに人から映像へといった、イメージ（ムービング・イメージ）がうつり続ける終わりなき旅（イメージ・ムービング）なのである。

近年、コミュニティの記録・記憶を次代に継承することの気運が急速に高まっている。それに伴って、博物館（美術館）・図書館・公文書館などによって確立されてきた従来のアーカイブ構築の実践と理論の外部で、NPOなどを主体としたアーカイブ実践が草の根的に萌芽している。このような市民参加型のメディア実践は、東日本大震災を契機にますます注目が集まっており、本邦のアーカイブ構築という営みの実践・理論の両側面において、新しい潮流を形成していくことが予想される。

従来のアーカイブの方法論と視座を超える実践と理論が求められている現在、AHA!は、時間と空間を隔てたかたちでの映像の可能性を追求しつつ、時間と空間をともにしたこれまでの方法論との接続を試みている最中にある。たとえば、インターネットや情報通信技術（ICT）にあらためて着目し、ヴァーチャルと実在する時空間とが有機的に連動したアーカイブづくりの仕組みを模索している。また、全国各地で勃興する草の根の映像アーカイブ実践が、ヒューマンパワーに依存せずに運営されるためのモデルを提案しようとしている。

そのためにも、押し入れに眠っていた8ミリフィルムというモノが、財化されていくフローをデザインしつつ、そのプロセスを丹念に観察し、実践にフィードバックさせていきたい。また、映像を知財として分かち合うためには、著作権などの諸権利の束によって制度化されたイメージの流通・所有のあり方からはみ出てしまう実践上の状況に目を遣り、再検討を加える視点が不可欠だ。それらの視座によって、映像と人のメディア化の契機、さらには、「再」メディア化の契機を捉えることができるだろう。

２０１５年には、神戸・淡路大震災から20年、ＡＨＡ!が始動してから10年の節目を迎える（先の終戦から70年の節目でもある）。時間や空間を大きく隔てたどこかの「私」から今ここにいる「私」へ。さらに、今ここにいる「私」から、いつかどこかの「私」へ。イメージの旅は続く。記録と記憶、空間と時間、過去と未来、プランと状況、当事者性と批評性、エンターテイメントと実験、テクノロジーと社会、アートとサイエンス、日常と非日常、理論と実践、凝固と融解、笑いと悲しみ……。ＡＨＡ！

の実践は、この活動にかかわった映像と人とが、さまざまな隔たりのあいだに潜入することによって活性化し、媒介と化していくこと、そして媒体に還《かえ》っていくことを願っている。

参考文献

Strathern, Marilyn (1999) *Property, Substance and Effect: Anthropological Essays on Persons and Things*, Athlone Press.
Verran, Helen (2009) *On Assemblage: Indigenous Knowledge and Digital Media (2003-2006) and HMS Investigator (1800-1805)*, Journal of Cultural Economy 2, Routledge.
Waterton, Claire (2010) *Experimenting with the Archive: STS-ers As Analysts and Co-constructors of Databases and Other Archival Forms*, Science, Technology & Human Values 35, SAGE.
森田敦郎（２０１２）『野生のエンジニアリング――タイ中小機械工業における人とモノの関係誌』世界思想社．

Column 5

機材選びに役立つ情報

森田剛光
MORITA Takemitsu

フィールドワークにおける映像機材を選択する際に参考となる情報源について、日本（日本語）を中心に紹介していく。情報源は、紙媒体、デジタル・Web媒体、そして展示会・セミナーなどの体験により得られるものに分かれる。

映像制作における機材の選定は、重要であるにもかかわらず、フィールドワーカー、映像人類学者の間でも充分に議論がなされてこなかったように感じる。その原因としては、機材を選定する条件が、個々人の予算規模、フィールドワークの状況によって異なっており、経験にもとづく知識や情報を一般化し難いということが挙げられるだろう。たとえば、私がフィールドとするネパール・ヒマラヤ高地の環境は寒冷で低気圧という厳しい環境であり、映像機材を普段通りに利用するのがとても困難である。そのため一般的な機器の仕様よりも作動温度・作動高度といった性能要求がシビアになる。一方で映像クリエイター、クラブＶＪ（Visual Jockey）として活動に用いる機器は、他所との連携のため入出力端子の種類が多いものが必要となり、パフォーマンスする姿をオーディエンスやクライアントの目によく映えるよう、機器のサイズが大型のものが求められた。

また、映像機器の刷新があまりに早く、使用した製品とそれにまつわる技術は、数カ月・数年で過去の遺物と化してしまうことも、フィールドワーカーの間で機材の知識を共有し、活用することを難しくさせている。日々進化する機器・機材、技術、ノウハウは、それを専門の職業としない者には、あまりに高度で複雑であるという印象を与え、容易に踏み込めない世界としてとらえられてしまっているかもしれない。

映像機材の選択に頭を悩ます人びとに参考にしていただくために、以下では、媒体ごとに情報源を紹介していく。

雑誌・定期刊行物・書籍

紙媒体で提供されるものは年々減少する傾向にあるが、一般、業界紙を含む雑誌、定期刊行物、書籍がある。紙媒体として出版されているもののなかには、同時に電子ブックとして提供されているものもある。入手しやすい映像制作関係の総合的な雑誌・定期刊行物は少ないが、比較的容易に入手可能な雑誌として、玄光社の月刊誌『ビデオサロン』が挙げられる。『ビデオサロン』は、ビデオカメラを中心としたデジタル映像機器・機材を紹介する専門誌である。一般向けの新製品のレビューや制作に関する特集も組まれ、初心者にも理解しやすいように配慮されている。

音響・録音技術が中心の専門誌であっても、映像制作に関係する記事・特集が組まれることもある。リットーミュージック社の月刊誌『サウンド&レコーディング・マガジン』は、音響技術・録音技術の専門誌であり、新製品レビュー、ノウハウが記事として採り上げられている。ステレオサウンド社の隔月発刊される『PROSOUND』は、サウンドクリエーターとデジタルエンジニアのための総合情報専門誌で、とくに大規模なサウンドシステムや放送機器における事例の紹介が採り上げられている。

兼六館出版の『放送技術』は、1928（昭和3）年から現在までラジオ・テレビにかかわる最新の技術・情報、業界の動向などを幅広く紹介する月刊専門誌である。映像新聞社が発刊する『映像新聞』は、タブロイド版形式で月に4回発行され、放送、映画、デジタルコンテンツのプロダクション情報、技術情報の他に、市場分析、経営動向が掲載されている。

機材選びという視点では専門的すぎるかもしれないが、一般社団法人日本映画テレビ技術協会の月刊誌『映画テレビ技術』や一般社団法人映像情報メディア学会発行の『映像情報メディア学会誌』は、技術解説、研究動向などが掲載され、映像製作・放送をとりまく業界の発展と展望を知るうえで参考になるだろう。

映像制作機器の刷新が速いため、決定版となるような書籍は少ないが、大型で写真や図版を多用したいわゆるムック本というかたちで出版されるものがあるので、玄光社などのwebサイトを参照するとよい。映像制作においても参考となる音声・録音機材のうち、マイクの選択に関しては、一般社団法人日本音響家協会会長八坂賢二郎氏による『マイクロホンバイブル』（兼六出版）が最も優れている。音の基礎知識、マイクロホンの構造・カタログスペックの読み方、楽器ごとの収音方法が解説され、巻末にマイクロホンのカタログが付記されている。専門用語の解説書としてリットーミュージック社の『プロ音響データブック』を合わせて参照するといいだろう。

デジタル・Web媒体

紙媒体よりも圧倒的な情報量と即時性があるのは、Web媒体である。インターネットを通じて、個人・

企業の Web サイト、メールマガジンの他に、Twitter、Facebook などのソーシャルネットワーク・サービスで映像制作にまつわる機材の情報がやりとりされている。そのすべてを紹介することはできないが、総合的な情報としては、Impress Watch 社の提供するニュースサイトである AV Watch のものが優れている。AV Watch には最新の機器の発売情報の他に専門家によるコラム、レビューが掲載されている。PRONEWS は、プロフェッショナル向けデジタル映像制作ツール活用の専門情報 web マガジンとして、映像関連機器・コンピューター製品、ハード、ソフトを限らず新製品の比較検討や専門家のテクニカルレポートのほか、イベントの現場リポートなどが掲載されている。映像制作機器に限定されているわけではないが、engadget は、新しいガジェット、機材・ツールの紹介サイトとして、いち早く情報を伝え、米国版のほかに日本版も提供されている。

各企業のサイトは、製品を知る以上に映像制作の参考となる情報にあふれている。映像編集アプリケーション・ソフトを出している Adobe Systems 社、プロフェッショナル向け映像制作ツール・システムを提供する Avid Technology 社は、web を通じて制作にまつわる入門ガイド、レクチャーなどを定期的に配信している。シネマカメラを含む総合的な映像システム、カラーコレクション用ソフト DaVinci Resolve をリリースする Blackmagic Design 社は、自社サイトに豊富なユーザー事例を提供している。ウェアラブルカメラ GoPro を出している Woodman Labs 社は YouTube を通じて多くのユーザーが撮影した映像を紹介している。映像制作にまつわる製品を数多くリリースしている日本の企業 SONY、Canon、Panasonic、ビクター（JVC）は、一般向けの製品のサイトとプロフェショナル向け、ビジネス・放送機器用のサイトを分けて設けており、専門的なカメラ、その機能やスペックなどは、そちらを参照するとよい。

展示会・セミナーなどの体験により得られるもの

体験により得られるものは、放送機器展などの各種大型イベント、企業独自の新製品・ユーザー事例紹介のセミナー、各団体のセミナーがある。

全米放送事業者協会（The National Association of Broadcasters）によって催されるNAB Showは、毎年4月アメリカ、ラスベガスで開かれ、日本や世界各国から映像制作にかかわる企業が参加し、新製品を発表している。その模様はその年と今後の映像制作環境・業界を示すイベントとして注目され、インターネットを通じて詳細なレポートがなされている。

NAB Showの後、各企業がafter NAB Showとして独自、または合同で東京、大阪などで発表した製品を実際に展示し、開発に携わったエンジニアらによるワークフローセミナーなどが開催されている。

国内向けでは、毎年11月に千葉県幕張メッセで開催される国際放送機器展（Inter BEE）は、音と映像と通信のプロフェッショナル展として、放送機器、映像機器、音響機器などが一同に集い、次年度の業界の動向を示すイベントとなっている。

企業によるセミナーは事前登録が必要な場合が多いが、家電量販店などで扱われていない、プロフェッショナル向けの機器・機材に接することができ、企業担当者から詳細に話を聞き、意見を交換する貴重な機会となっている。映像制作を専門としない研究者、フィールドワーカー諸氏にとって、これらのイベントは、敷居が高いように感じられるかもしれない。けれども、よりよい研究成果を得るために、フィールドワークに踏み出すときと同様に勇気を出して、積極的に参加し、最新の製品・

技術やプロのノウハウにぜひとも触れて欲しいと思う。

参考文献
『ビデオサロン』（月刊誌）玄光社
『放送技術』（月刊誌）兼六館出版
『PROSOUND』（月刊誌）ステレオサウンド
『Sound & Recording magazine』（隔月誌）リットーミュージック
『映像新聞』（月４回発行）映像新聞社
『映画テレビ技術』（月刊誌）一般社団法人日本映画テレビ技術協会
『映像情報メディア学会誌』（月刊誌）一般社団法人映像情報メディア学会
日本音響家協会編（２０１１）『プロ音響データブック四訂版』リットーミュージック
八坂賢二郎（２０１３）『マイクロホンバイブル』兼六館出版

web サイト
Impress Watch 社　"AV Watch"　http://av.watch.impress.co.jp/
"engadget 日本版"　http://japanese.engadget.com/
"NAB"　http://www.nabshow.com/
"InterBEE"　http://www.inter-bee.com/ja/
Adobe Systems 社　http://www.adobe.com/jp/
Avid Technology 社　https://www.avid.com/JP/
Blackmagic Design 社　http://www.blackmagicdesign.com/jp
GoPro　http://jp.gopro.com/
玄光社　http://www.genkosha.co.jp/
兼六館出版　http://www.kenroku-kan.co.jp/

Part IV

座談会

―映像が切り拓くフィールドワークの未来

本書の執筆者による座談会を収録する。映像機器の選択から撮影や編集といった映像術の習得方法や注意点、そしてこれまでの成果の公開方法や、これからの映像術による研究の展望まで、各章・各コラムの記述に収めることのできなかった情報をまとめて共有する。

【座談会参加者（五十音順）】
伊藤　悟／川瀬　慈／小林　直明／座馬　耕一郎／高倉　浩樹
中村　一樹／藤田　良治／村尾　静二／箭内　匡

【司会】分藤　大翼

分藤：本巻は、フィールドワークにおいて映像を活用している研究者が、その成果を各々の経験にもとづいて執筆しています。限られたメンバー、限られた紙数のなかでの試みですので、フィールドワークにおける映像の活用法を包括的に提示できているわけではありません。けれども、研究分野を越えて「映像術」を共有する土台にはなるのではないかと期待しています。
　また本巻は、これまでの成果を示すとともに、これから映像を活用する研究者にとって有用な情報を提供することを目的としています。すでに各章において記されている情報もありますが、改めて座談会の形式をとって情報をまとめてみたいと思います。

映像術の習得法

分藤：まず、映像を活用する、制作するとなると、その技能を特別に習得する必要があると思う方が少なくないようです。映像を発表する場で「どのように学ばれたのですか？」と聞かれることがよくあります。ところが本巻の執筆者の方々に伺ったところ、ほとんどの方が「独学」ということで、私のように大学院生の頃に専門学校に通った者は、むしろ例外のようです。
座馬：もともと、写真を撮ることや映画を見ることが好きで、構図やカット割りなどはそこで自然と身についたと思います。私が映像を撮り始めた１９９０年代後半は、まだパソコンの性能がいまいちで、ビデオテープをダビングしながら映像をつなぐビデオ編集機を用いて編集していましたが、２０００年代前半になるとパソコンの性能が上がり、映像を扱えるようになってきたので、より簡単に操作ができるようになりました。映像編集ソフトはとくに難しいものではないので、自由にイメージを具現化させることができました。
分藤：研究者が映像を自由に扱えるようになってきたのは、本当に最近のことなんですよね。そのような事態を受けて、近年では、大学の内外でさまざまな講座やワークショップが開催されるようになっています。これから学んでみたいという方に、いくつかご紹介ください。

村尾：国立民族学博物館（総研大）では、大森康宏先生が中心となり、２００１年から映像制作ワークショップを開催してきました。毎年、夏に長野県で合宿をしながら、撮影と編集を体験します。そして、冬に上映会を開催してたがいに作品を講評します。撮影の対象は、長野の文化、生活世界から科学の現場までさまざまです。受講生は大学院生が中心ですが、学部生から一般の方までさまざまで、毎年平均10名前後の参加者がいますので、これまで多くの人がこの合宿で映像制作を学んだことになります。私自身は、運営する側としてこの合宿にかかわってきました。

川瀬：Anthro-film Labは、主に関西を拠点に不定期で開催される映像制作のワークショップです。その主な目的は以下の通りです（ウェブサイトより転載）。人類学、映画、コンテンポラリーアートが交叉する実践のなかで、言語に依拠するだけでは伝達されえない知や経験の領域を探求し、人文学における新たな知の創造と語りの新地平を切り開くことを目指します。文化人類学者や社会学者、その他、劇作家、プロの映像作家やサウンドアーティストなど、映像にかかわるいろんな方々が各自の映像制作プロジェクトについて発表します。海外の映像人類学者を招いて発表してもらうこともあり、いつも具体的な映像制作の方法論に関する活発な議論が繰り広げられています。国立民族学博物館や大阪大学などの研究機関において開催されることもあれば、市内の映画館やレストラン、カフェなどでも行われています。

２００８年に始まったメーリングリストVisual Anthropology Forumでは上映会、民族誌映画祭、国際会議、セミナー、出版物など、映像人類学や映画一般に関する幅広い情報の交換を行っています。このメーリングリストにも、研究者からテレビ関係者、映画監督まで幅広い層が登録、参加しいつも有益な情報を交換しています。

藤田：北海道大学では、博物館が大学院生向けに映像制作の授業を集中講義として年2回開講しています。夏に行われる映像制作の授業では、企画から撮影、編集まで行い、お互いに講評を行います。優れた映像作品は、北海道大学総合博物館の正面入り口にある大型モニターで1カ月間上映します。冬に行われる授業では、あたり一面が雪、真っ白といった環境でどのように撮影機材を取り扱うべきかを中心に学びます。ユニークなのは、撮影だけでなくスノーボードも一緒に学ぶことができるので、学生には人気があります。毎回10名ほどが参加しますが、初めて映像を学ぶ受講生がほとんどです。社会に出る前に情報を人へ伝えるツールの一つとして映像を学び、その制作技能を身につけてもらいたいと思っています。

分藤：映像制作については書籍やウェブからも、一般的な方法や手順を学ぶことはできると思います。要は、それぞれの目的に応じたハウツーをどのようにして身につけるかということですね。

映像術のみがき方

座馬：映像は文章と違い、視覚的に人をひきつけさせるツールなので、見ていて飽きない映像作品を参考にしています。とくに私の場合は言葉を話さない霊長類が対象なので、セリフがなくても成立する映像の影響は大きいと思います。たとえばアッバス・キアロスタミ監督の「オリーブの林を抜けて」やスタンリー・トゥッチ、キャンベル・スコット監督の「リストランテの夜」という2つの映画の後半に出てくる長回し映像は、セリフがなくても、大きなアクションがなくてもなぜか人をひきつける映像として、強く印象に残っています。あと、フィールド調査では手振れしてしまうことがあるのですが、大林宣彦監督の「青春デンデケデケデケ」で手振れ映像が臨場感を出すのに効果的に用いられているのを思いだし、そういった映像も編集時にうまく取り入れるようにしています。

字幕の文字の位置、大きさ、色、フォントについては、テレビ番組を見て参考にしています。たとえばニュース番組や、TBS系列の「THE 世界遺産」、バラエティ番組も参考になります。映像を公開する場所によって、じっくり見せるか、気楽に見てもらうのかいろいろと目的が違っており、フォントや字幕を出すタイミングをかえて、その場にあった映像を模索しています。

藤田：私も映像の世界に入ったときはTBSの世界遺産を参考にしていました。きれいな映像にゆったりとしたカメラワークは斬新でした。

分藤：記録映画だけではなく劇映画も、またテレビ番組なども参考になるということですね。他にはいかがでしょう。

小林：被写体との関係性の構築みたいな意味では、佐藤真監督の「阿賀に生きる」がすごいなあと。纐纈あや監督の「祝の島」「ある精肉店の話」も同じ理由で好きです。土本典昭監督の「原発切抜帖」は、全編、原発関連の新聞スクラップのみで構成されていて衝撃を受けました。

川瀬：私は撮影者である自らの存在を前景化する映画的な話法を探求してきました。映像をはじめるまえはずっと音楽をやっていました。そのためなのでしょうか、民族誌や映画よりも、音楽から映画的なインスピレーションを受けます。とくに、複数の奏者によって奏でられるimprovisation（完全なfree improvisationではなく、ある程度の予定調和をもった、たとえばjazzなどの）を参考にします。自らが奏者である、と同時に他の奏者の音を注意深く引き出す行為は、映像が対象とする文化の脈絡のなかで、自らの立ち居振る舞いを展開させていく、私の撮影手法と呼応します。

東京のポレポレ東中野で、２０１２年より映像の百科事典エンサイクロペディア・シネマトグラフィカ（ＥＣフィルム）の上映会が定期的に開催されています。ＥＣフィルムは、人や生物の行動の比較研究という目的のもと、１９５０年代にドイツで制作が開始されたプロジェクトです。ＥＣフィルムは、対象の徹底した観察に比重を置いた科学映像のアプローチを貫き、民族誌映像をはじめとする学術映像の様式にきわめて大きな影響を与えてきました。この上映企画では、禁欲的なまでの科学主義に特徴づけられるＥＣフィルムと、たとえば一般のドキュメンタリーや実験映像、あるいはダンスパフォーマンスなどの身体表現を並置させ〝対話〟させます。そうして、科学映像というＥＣフィルムの本来の脈絡を溶解させ、それらの映像が潜在的に保持する新たな魅力や価値を引き出すことをねらっています。

中村：科学映像ということでは、「雪は天から送られた手紙である」という言葉で有名な、故中谷宇吉郎先生（http://www.kagashi-ss.co.jp/yuki-mus/ukichiro.html）と志を継いだスタッフが戦前、前後に、製作した雪の映画は、今見ても参考になります。雪の結晶の映像を多用してシンプルな構成になっており、雪の結晶の美しさ、不思議さの記録という側面のほか、微速度撮影を用いて結晶の成長を記録した映像など、学術的な面でも、今でも充分に興味深い内容です。中谷先生は北海道大学理学部の教授として、世界で初めて人工雪をつくり、雪の結晶の形成過程と気象条件の関係を明らかにした方です。同時に科学映画の先駆者としても知られています。科学映画は、単に自然現象を説明するのではなく、一般の方にそのおもしろさ、不思議さに目を開かせることが大事だと考察しています。

藤田：中谷宇吉郎先生は、雪の研究をされていてニセコアンヌプリ（１３０８ｍ）の8合目付近で着氷の成長過程を顕微鏡映画撮影したという記録が残っています。過酷な撮影環境を想像すると、先人の知りたい、撮りたいというフィールドワーカーの魂を感じずにはいられません。

分藤：フィールドワーカーが調査地で撮影に臨む場合、撮影を自分で行うケースが多いと思います。プロのカメラマンではないわけですから、撮影の技能を磨くことに、どれだけの時間を割くかというのは悩ましい問題です。けれども、より良い文章を書くために優れた文章を読む必要があるように、より良い映像を制作するためには、優れた映像を数多く視聴する必要があると思います。また、映像・映画だけではなく、写真や絵画を見る経験も重要だと思います。

箭内：深く影響を受けた映像作品は、必ず撮影・編集など、さまざまな面で、表現方法に影響してきます（映画を知っている人であれば、ちょうど文章の引用と同じように、作品を見ただけで引用元が「見える」ことがしばしばあります）。その意味で、他の作品からの影響（より一般的にいえば、映像作品に限らず、文章や音楽なども）は非常に重要だと思います。

機器選びのポイント

分藤：「自分もやってみよう」と思ったら、まずは撮影や録音の機器を手に入れなければならないわけですが、皆さんの購入の方法や、機器選びのポイントについて教えてください。

座馬：選ぶ理由はまず、小型であるということです。野生のサルやチンパンジーを追跡しながら撮影しているので、ときには藪の下をくぐったり、崖を昇り降りすることもあります。ですので、簡単に出し入れできるSONY, DCR-PC系の小型ビデオカメラをよく使っていました。夜間撮影は、持ち歩きのことは考えなくてもよいので、赤外線によく反応するビデオカメラを選びました。旧型のビデオの方が赤外線の感知能力が高いので、SONY, DCR-TRV8などの旧型機を選びました。

これらのビデオはどれも記録媒体がテープ式です。最近はハードディスクやメモリー内臓の機種が主流ですが、バックアップを取るためにパソコンを立ち上げなければならないことや、ビデオが雨に濡れたときにデータが一瞬にして消える可能性があるということで、少し敬遠しています。テープ式だと60分ごとに交換しますので、少なくとも撮影して保管したテープは失われません。

機器に関する情報源としては、雑誌、ホームページ、クチコミなど、さまざまな情報を利用しています。調査に必要な性能を備えているかどうか、バッテリーの持ちはどれくらいかといった点を気にしてみています。ただ、やはり店頭で実物を触ってみるのが最終的な決め手になります。フィールドで動物を撮影するときは、一瞬の出来事を撮影することもよくあることなので、実物を触りながら実際にどのように使うかイメージして、カバンやポケットから取り出して撮影ボタンを押しズームをするまで、といったシミュレーションをしています。

中村：私の場合は、ちょっと特殊です。自然の動き、周期に合わせて静止画を撮影し、それを繋ぎ合せて動画にする手法を選択しています。そのため、野外観測装置として販売されているノースワン株式会社画像データ記録装置KADEC21-EYEIIを使用しています。理由は、野外観測用のインターバル撮影専用カメラで、数か月ごとにメモリーカードを交換すれば、安定して長期間画像を撮影し続けることができるからです。防水機能とインターバル撮影機能を兼ね備えたPENTAX OPTIO WG-1 GPSなどのコンパクトデジタルカメラも使っています。どちらも、頻繁に行けないような山の上の過酷なフィールドで、なおかつ電力も制限されるなかで、無人でいかにわかりやすく自然の動きを記録するかという目的を達成するために使っています。

藤田：数ある機材のなかでも機動的な撮影に適した機材を選択し、画質、音質の高さを求めました。

ソニーのPMW200がメインカメラです。三脚は、Vinten V3ASにカーボン製の脚の組み合わせで使用しています。将来的には、4K、8Kも扱ってみたいと思います。いつかは、宇宙からの撮影というのもチャレンジしたいですね。

分藤：機器の開発は日進月歩なので追いかけるのが大変ですよね。人を対象とする分野では、インタビューや環境音を収録するための録音機器への目配りも重要になります。『ビデオサロン』などの雑誌で最新情報をチェックしているという方も多いようです。

映像を生かす編集

分藤：撮影の次は編集になるわけですが、多くの方が、Adobe社のプレミアやApple社のファイナルカットといったソフトを使っているようですね。操作が簡単だという理由でiMovieを使っている方もいらっしゃいます。実際、私たちの制作する映像は、凝った編集を必要とすることは稀なので、どのソフトを使っていても大差はないのかもしれません。ただ、ソフトの操作はできるとしても、編集は撮影の何倍も手間暇がかかるので、撮影はしたものの、素材のまま眠らせてしまっている研究者が、たくさんいるようです。編集をするうえでの注意点や工夫は、どのようなことになるでしょうか。

小林：最初に着地点を決めずに、撮ってきた素材をつぎはぎしていくなかでストーリーを紡いでいくようなやり方をしていきたいと思っています。すぐに編集ソフト上で作業するより、そのためにはラッシュをみていったん、文字化↓カード化（付箋を使って）していくような作業も、有効だろうと思っています。

座馬：一番大切にしたのは映像を切り替える呼吸です。タイミングというか、時間配分です。たとえば音楽に合わせて映像をつくる場合は、音楽は時間軸に沿って流れるものなので、映像を切り替えるタイミングもおのずと決まってきます。ですが、野生動物を扱った映像をヒトに見せるときには、そのタイミングをみつけるのが難しいのです。野生動物には野生動物の時間が流れていますので、その時間の流れをうまく映像に取り入れたい。しかしそれを見る人は見る人の時間が流れているので、場合によっては動物に流れている時間を退屈に思ってしまうかもしれない。ということで、映像を何度も見返しながら、その動物のもっている時間の流れと、ヒトがもっている時間の流れがうまく一致するところ、呼吸が一致するところをみつけて編集点にしています。

分藤：編集は、わざわざ撮った素材を切り捨てる作業になるので、撮影者が行うのが難しい作業でもありますね。「このように見せたい」という作者の思いはもちろん大切ですが、他の誰かに、それがどのように見えるかを聞きながら作業を進めることも有効だと思います。編集経験の豊富な人に見せると、あっという間に素材の生かし方を指南してもらえることもありますから。

村尾：それと、撮影をはじめる前に、編集の基本を理解しておくとよいとよくいわれますね。初めてカメラを構えると、撮影対象との距離、アングル、撮影時間など、どのように撮影を進めたらよいか戸惑うことがありますが、事前に編集の仕組みを理解しておくことにより、完成後の作品をイメージしながら撮影することができます。実際に、映画学校などで、撮影を始める前に経験豊かな編集者の作業を観察することはよくあることのようです。

箭内：たとえば授業のなかで繰り返し映像作品を見せていて感じるのは、印象的な作品であれば、見る人がその映像を長期間イメージとして憶えているということ、そしてそのことの教育的効果です。つまり、言葉で教えることとは違ったレベルの効果が、明らかにあります。映像を見る経験にはさまざまな側面があり、記憶に残るのは、非常にしばしば、映像の明白な主題そのものではなくて、別のレベルで印象的ないくつかの場面――しかし作者が制作時に確かに重要だと思っていたはずの一場面――であったりします。言葉による説明と映像の上映を組み合わせる際に重要なのは、そうした印象的ないくつかの場面と、言葉による説明との間に、うまく相乗効果が生まれるようにすることだと思います。

成果の公開

分藤：さて、目当ての映像ができあがったら、次は公開という運びになるわけですが。さまざまな方法がありますよね。

川瀬：私は国際民族誌映画祭に作品を出品し、映像人類学の論壇の前線に自らの方法論を提示して、議論に貢献することを活動の主要な軸に据えています。

中村：人間の感覚ではすぐにわからない雲の動き、氷山の動き、雪の動きなどが目に見えてわかるとてもインパクトのある映像となるため、多様な使い方をしています。具体的には、防災や環境にかかわる学会、シンポジウム、講演、論文のデータ、授業、メディアへの提供のほか、観光客や小中学生の学びの機会に提供（観光地で映像を流す、修学旅行のプログラム、観光地の地元の小中学生の授業など）しています。

藤田：北海道大学総合博物館の展示映像として活用しています。他に大学の広報への応用、授業での映像紹介、他分野の研究者と共同で映像として研究資料を標本として残しています。映像制作の授業では、サンプル映像として使用することもあります。

座馬：動物園や博物館の展示映像資料として公開したり、映像付きの学術論文で公表しています。また本にＤＶＤをつけた、野生チンパンジーの映像エソグラムも共著で出版しましたし、さまざまな動物の行動を網羅したインターネットのサイトに映像提供もしています。もちろん、授業や学会などで説明のためにもよく用いていますし、映像から取り出した数的資料を論文にまとめたりもしています。

伊藤：編集した映像はローカル市場で流通しています。たとえば、数年前、現地民間歌手が来日してみんぱくで公演した際、観光先のあちらこちらで感想を俳句のように即興歌をうたう映像を記録し、現地に記念として編集して渡しました。その映像は無断ですぐにコピーされ、市場で流通しました。

分藤：いったん公開すると、公開の仕方によっては制作者の意図を越えて再利用されてしまうこともありますから注意が必要ですね。

村尾：映像作品を制作したという意味では制作者が著作権をもちますが、一方で、作品には撮影対象に応じて肖像権や知的所有権が含まれ、共有物としての性格を有します。作品が完成したら積極的に公表すべきではありますが、その一方で、公開に際して、撮影対象への配慮もまた忘れてはいけないと思います。

分藤：制作した映像や、その素材の保存は多くの方が、複数のハードディスクに保存されているようです。メディアの移り変わりに応じて、データを移し替えなければならないという問題も生じていますね。

高倉：私は大学のリポジトリなどで保存できないか考えています。リポジトリは英語で貯蔵庫や倉庫、最近だと電子上の公開データベースなどを意味します。昨今、国内外の大学では、その構成員が生み出した研究成果や教育成果にかかわる資料を責任もって収集・保存し、ネット上で無償で提供している仕組みをもっています。日本では国立情報学研究所中心になって、大学の機関リポジトリ構築支援をしてきたようです。

村尾：私も大学のリポジトリを活用しています。多くの大学や研究機関では、メディアのマイグレーションにかかる技術、費用、人員をどのように確保すべきかが大きな課題になってきているようで、映像関連の学会でも近年、この問題がよく取り上げられるようになっています。

川瀬：大英図書館の World and Traditional Music 部門をはじめ、各国の大学図書館やアーカイブに保存してもらっています。撮影でお世話になったエチオピアの大学とも保存や活用のありかたについて協議しています。

藤田：博物館が映像を作品のみならず素材までも含んで体系的に保存できないか模索しています。ポイントとなるのは、編集する前の映像素材を学術映像標本として保存することです。博物館は、多くの標本をもっています。映像もその標本と同じように考え、扱うことができます。映像は、限定された目的をもって撮影されることが多いのですが、汎用的に活用されることに留意して撮影することで、教育や研究、広報などさまざまな活用方法を見いだせると考えています。

フィールドワークと映像術の未来

分藤：それでは最後に、これから試みたいと思っている映像制作および公表方法について教えてください。

伊藤：現在は音楽的な音を奏でるめずらしい織機について映像制作を準備しています。手法としては織機の音を現地の生活に根ざした感性から別の音に置き換えるなどして、想像を掻き立てる喚起的な作品をつくりたいと思います。

小林：昔の日本（昭和20年代ぐらいまで）で活用されていた生産技術についての映像をつくりたいです。「中間技術」として途上国の生活改善に役立つようなものを取り上げることができればなあと思っています。

座馬：ビデオ撮影を始めたころから思っているのですが、「こんなもの見ちゃいました」という、こぼれ話的な映像を見比べる会をつくってみたいです。フィールドワーカーは、見てきたいろんなものをすくってまとめる才能の持ち主ですが、映像を撮っていると、自分の専門外の内容を写してしまうこともあります。あるいは、自分の専門分野だとしても、めったに見られない映像や、初めてみる映像、取るに足らないと思われてきたけれどじつはもっと奥深いものをはらんでいそうな映像を撮ってしまうことがあります。そういった、自分一人では処理しきれないような映像や、あるいはどうしても他人にみせたくて仕方ない映像を、さまざまな人とともに見ることで、ガヤガヤとその映像の内容について語り合う機会があればなあと思っています。

あとは、小さな会合で一度やってみたことがあるのですが、ある日時を決めて、その「同じ時」の映像を「世界中」から集めて比較する、というのをやってみるとおもしろいと思います。たとえば２０１５年X月X日X時X分（グリニッジ時、あるいは現地時刻）の映像を、各地のフィールドワーカーが、それぞれの技術を用いて映像を収集し、その、世界で同じ時間を共有した人びと、動物、風景などを、合わせて公開する、というものです。できれば全球ドームなどで、すべてを同時に流したい。世界中で流れているそれぞれの時間や息遣いを身近に感じることは、新鮮な驚きでもありますし、また、いとおしいものでもあると思います。

藤田：映像は、「今」を残すことに長けた表現ツールです。「今」しかできない、「今」しか見られない、「今」やるべきだなど、旬な「今」を映像で記録していきたいです。記録した映像をインターネットで公開するのもよいでしょうが、いつでも見ることができるというよりは、多くの人と同じ時間を共有して視聴できる方法で映像を公開したいと思います。

村尾：私は、基本的なことですが、フィールドワークを通して調査対象の方々とかかわり合うなかで、社会や人びとの変化、私の理解の変化をしっかりと映像記録していきたいです。また、人類学の視点から自然科学の現場をとらえた映像作品の制作にも、より積極的に取り組みたいと思っています。

中村：私は、自然の素晴らしさ、不思議さを感じてもらい、そのうえでさらに、自然災害から自分たちの身を守るために役立つ映像を作りたいと考えています。たとえば、雪はその美しさ、積雪があることによる断熱効果、水資源、観光資源など良いこともありますが、大雪時の交通障害、除雪、雪崩、吹雪など、人間にとって悪いこともあります。このように、雪などの自然現象は悪いことも良いことも表裏一体で生じているととらえることができます。自然災害の被害を最小限度に抑えてやり過ごし、その土地ならではの豊かな恵みをいただきながら暮らせる，そのような生活の実現に役立つ映像をつくってみたいです。

川瀬：私はフィクション映画の手法で民族誌をやりたいですね。主に人の相互行為に徹底的に特化しつつも、アフリカ社会の現在を照射するような作品を撮りたいです。

分藤：フィールドワークにおける「映像術」は、研究の手法であり、優れた手法は優れた成果をもたらすものだと思います。映像を活用した研究によって、学術の新たな展開が期待できるのではないでしょうか。

編集後記

本シリーズの監修者である椎野若菜さんから編集担当の打診を受けたのは、２０１２年9月10日のことだった。メールに添付されたシリーズ案には全15巻の「最終巻」として『フィールド映像術』というタイトルが記されていた。次のメールの日付は２０１３年１月11日となっており、件名には「フィールドワーク本の編集、ご快諾ありがとうございます」と記されていた。どういうわけか、この間のやりとりが残されていないため、私が快諾したのかどうかは定かでない。しかし、並記された宛名に、共編者の村尾静二さんと川瀬慈さんの名前があることから、それ以前に覚悟を決めていたことは疑いない。そして、編集経験のない自分だけでは無理だという自覚から、経験のある二人にお願いし、快諾していただいていたのだと思う。

始まりは、そのような調子だったが、全15巻のうちの一巻とはいえ、フィールドワークの重要項目として「映像の活用法」が挙げられていることに、本シリーズの画期性を感じていたのは間違いない。それほど、とりわけ私が専門としている分野においては、映像を活用した研究がまともに扱われない状況があった。

5月に提出した構成案には7名の執筆者の名前が挙がっていた。しかし、いずれも編者たちと同じ文化人類学を専門とする方々だった。そして、ここからがFENICSのネットワークが力を発揮したところだった。即座に、渡辺佑基さん、田邊優貴子さん、中村一樹さんという自然科学の分野で活躍されている方々を紹介していただいた。それぞれに「ナショナル ジオグラフィックに連載をもつ人気者」「写真の腕もプロ級」「忙しそうだから、むりかな」といったコメントまでついていた。博物館映像学がご専門の藤田良治さんもあわせて、これらの強力な執筆陣はFENICSのつながりがあったおかげで本巻に加わっていただけることになった。そして、さらに理系の方を、ということで以前から信頼している霊長類学者の座馬耕一郎さんに、また人類学からも、映像人類学の分野で活躍のめざましい伊藤悟さんや、映像を活用した展示を開催されていた高倉浩樹さん、そして最後に、機器に詳しい森田剛光さんに新たに加わっていただいた。

以上14名の執筆者の方々は、当然のことながらお忙しい方ばかりで、山頂や海上から返信をいただいたり、電波の届かないところで調査をされていたりして、連絡がつかないこともあった。けれども、ほとんどの方が締め切りにあわせて原稿を提出して下さった。最初の締め切りは、すでに一年以上も前のことである。また、その後のスケジュールの変更に対しても、粛々と応じていただいた。編者として、この間ずっと申し訳なく思っていたことと、発刊を前にして心から感謝しているということを、執筆者の皆様にお伝えしたいと思う。

各原稿の面白さについては下手な説明は不要である。これだけさまざまな分野、あるいは同じ分野であっても異なる映像術の試みを一冊にまとめることができたのは画期的なことであり、映像に関心のあるフィールドワーカーに、また映像を活用した研究に関心をもつ人にとって価値のある本になったと自負している。

このような文理を越えた共同は、一朝一夕に可能になったことではない。歴史を遡ることは控えるが、近年に一つの試みがあったことは記しておく必要があると思う。それは2009年に京都大学で開催された国際シンポジウムNew Horizons of Academic Visual-Media Practicesである。このシンポジウムでは、本巻に収録することのできた分野以外にも、脳科学や宇宙物理学、社会学やアクティビズムにいたるまで、必ずしもフィールドワークをともなわない研究分野における映像の活用も含めて、国際的な議論の場が開かれていた。私が、映像が切り拓く学術の地平があるということを知ったのは、このシンポジウムにおいてであった。このように、本巻につながるような動向が、この10年ほどの間にいくつもあったに違いない。研究書の出版を例に挙げると、人類学、社会学分野においては、2002年に『マルチメディアでフィールドワーク』(有斐閣)というCD-ROM付きの書籍が出版されている。また、2006年にはDVD付きの『見る、撮る、魅せるアジア・アフリカ——映像人類学の新地平』(新宿書房)が、2014年にもDVD付きの『映像人類学(シネ・アンスロポロジー)——人類学の新たな実践へ』(せりか書房)が出版されている。これらの書籍にとどまらず、本巻に収録された研究が、数々の研究によって支えられていることはいうまでもない。

そのうえで、各々の研究や創作が、従来の様式に囚われることなく展開してゆくことを、また新たな試みを行う人びとが現れることを期待したいと思う。今日の映像の普及は人類史上はじめての事態であり、もはや看過できない変容を各地の文化にもたらしている。フィールドワーカーは、この事態にどのように向き合ってゆけばよいのか。映像術の試行錯誤は、これから本番を迎えることになるのだろう。新たなフィールドワークに向けて、本巻がなんらかのヒントを提供するものになっていれば、編者として幸いである。

最後に、編者にとっての編者であった古今書院の関 秀明氏と、監修者の椎野若菜さんに記して謝意を表します。

分藤 大翼

松本《まつもと》 篤《あつし》　　　　第 9 章執筆

1981 年生まれ，兵庫県出身．**最終学歴**：大阪大学大学院人間科学研究科博士前期課程修了．**勤務先**：日本学術振興会（特別研究員），京都文教大学（非常勤講師）．**所属先**：東京大学大学院学際情報学府博士課程，NPO 法人 記録と表現とメディアのための組織（remo）研究員，大阪大学コミュニケーションデザイン・センター（CSCD）招聘研究員．**調査地**：日本．**専門**：メディアの社会学，科学技術の人類学，コミュニティ・アーカイブ，情報デザイン．**おすすめの映像作品**：『*Before the Rain*』Milcho Manchevski, 1994 年（マケドニア）．『*Yi Yi: A One and a Two*』Edward Yang，2000 年（台湾）．

森田《もりた》 剛光《たけみつ》　　　　コラム 5 執筆

1977 年生まれ，大阪府豊中市出身．**最終学歴**：名古屋大学大学院文学研究科博士課程後期，単位取得後退学．**所属先**：名古屋大学大学院文学研究科博士研究員．**調査地**：ネパール・ヒマラヤ．**専門**：文化人類学，映像人類学，映像制作技術の活用，VJ（Visual Jockey），etc. **主な著作**：論文「タッコーラ地方のヤクの飼育と利用」『アフロ・ユーラシア内陸乾燥地文明 3』, 2012 年.「民族誌映像アーカイブ構築の試み—商業民族タカリーの映像人類学」『名古屋大学大学院比較人文学年報 7』2010 年，など．**おすすめの映像作品**（カメラワークが秀逸）：『*Triumph des Willens*（邦題：意志の勝利）』レニ・リーフェンシュタール監督, 1935 年.『*Jiro Dreams of Sushi*（邦題：二郎は鮨の夢を見る）』デヴィッド・ゲルブ監督，2011 年.『*jc plus esther*』Patrick Moreau / stillmotion, 2009 年.

小林《こばやし》 直明《なおあき》　コラム 3 執筆

1971 年生まれ，岡山県出身．**最終学歴**：東京外国語大学大学院地域文化研究科地域文化専攻博士後期課程，単位取得満期退学．修士（言語・文化学）．**勤務先**：龍谷大学社会学部．**調査地**：タンザニア・ダルエスサラームなど．**専門**：映像人類学，映像制作によるコミュニティ・エンパワーメント．
主な著作：分担執筆『コミュニティ・リーダーを育てる』晃洋書房，2014 年．『見る、撮る、魅せるアジア・アフリカ！―映像人類学の新地平』（北村皆雄・新井一寛・川瀬慈編）新宿書房，2006 年，など．**おすすめの映像作品**：『ベンダ・ビリリ！～もう一つのキンシャサの奇跡』フローラン・ドゥ・ラ・テューレ／ルノー・バレ監督，2010 年，『100 人の子供たちが列車を待っている』イグナシオ・アグエロ監督，1989 年．

伊藤《いとう》 悟《さとる》　コラム 4 執筆

最終学歴：総合研究大学院大学文化科学研究科地域文化学専攻（国立民族学博物館），博士（文学）．**所属先**：国立民族学博物館外来研究員．**調査地**：中国雲南省徳宏州，タイ王国北部．**専門**：文化人類学，民族音楽学，タイ族研究．
主な著作：論文「徳宏タイ社会における即興うたカーム・マークの詩的表現技法」『東洋音楽学会』79, 2014 年，「雲南の映像事情」『月刊みんぱく』33（2), 2010 年，分担執筆「試論徳宏傣族楽器“篳朗道”的現状与発展」『中国・徳宏雲南四江流域傣族文化比較国際学術研討会論文集』（徳宏州傣学会編），徳宏民族出版社，2005 年，など．**発表作品**：『*Creation and Chanting of Lik Yaat*』，2011 年．『*Sensing the Journey of the Dead*』，2014 年．**おすすめの映像作品**：『アプダ（Aputa）』和淵（He Yuan）監督，2010 年．

高倉《たかくら》 浩樹《ひろき》　第 7 章執筆

1968 年生まれ，福島県出身．**最終学歴**：東京都立大学大学院社会科学研究科博士課程，博士（社会人類学）．**勤務先**：東北大学東北アジア研究センター．**調査地**：北極圏，シベリア，日本．**専門**：社会人類学，ロシア研究，災害研究．
主な著作：共編著『無形民俗文化財が被災するということ：東日本大震災と宮城県沿岸部地域社会の民俗誌』新泉社，2014 年．単著『極北の牧畜民サハ：進化とミクロ適応をめぐるシベリア民族誌』昭和堂，2012 年．編著『極寒のシベリアに生きる：トナカイと氷と先住民』新泉社，2012 年．共著『シベリアとアフリカの遊牧民』東北大学出版会，2011 年．**フィールドの好きなところ**：「わかった」「できた」と感じた瞬間．**フィールドにもっていくもの**：ゴマ（美味！）．**おすすめの映像作品**：『ゆきゆきて，神軍』原一男監督，1987 年．

座馬《ざんま》 耕一郎《こういちろう》　第4章執筆

1972年生まれ，岐阜県出身．最終学歴：京都大学大学院理学研究科生物科学専攻．博士（理学）．勤務先：京都大学アジア・アフリカ地域研究研究科，京都大学野生動物研究センター．調査地：タンザニア（とくにマハレ山塊国立公園とその周辺域），大隅半島，屋久島，野猿公園，動物園．専門：人類学，霊長類学，アフリカ地域研究．
主な著作：共著『*Chimpanzee Behavior in the Wild*』（T. Nishida・T. Matsusaka・A.Inaba・W. C. McGrew と共著）Springer, 2010年．分担執筆『マハレのチンパンジー《パンスロポロジー》の三七年』（西田利貞・川中健二・上原重男編），京都大学学術出版会，2002年．おすすめの映像作品：自然の風景や音を活かした作品．

田邊《たなべ》 優貴子《ゆきこ》　第5章執筆

1978年生まれ，青森県青森市出身．最終学歴：総合研究大学院大学 複合科学研究科 博士課程．博士（理学）．所属先：早稲田大学 高等研究所．調査地：南極，北極，ウガンダなどの極地．専門：植物生理生態学，陸水学，生態系生態学．
主な著作：単著『すてきな 地球の果て』ポプラ社，2013年．フィールドの好きなところ：人の気配がまったくない静寂な世界のなかで，雑多なメールを見ることもなく，目の前の自然とひたすら純粋に向き合い，感覚と想像力が研ぎすまされていくところ．私は今，地球という惑星に生きているのだと感じられるところ．おすすめの映像作品：『*Into the Wild*』，ショーン・ペン監督，2007年．『プラネットアース』制作：BBC，2006年（とくに，第9集「ジャングル 緑の魔境」の粘菌と冬虫夏草が素晴らしい）．

中村《なかむら》 一樹《かずき》　コラム2執筆

1968年生まれ，北海道天塩町出身．最終学歴：名古屋大学大学院理学研究科大気水圏科学専攻博士課程前期修了．勤務先：防災科学技術研究所雪氷防災研究センター新庄雪氷環境実験所（前勤務先：北海道大学大学院地球環境科学研究院）．調査地：日本全国の雪氷がある地域，北極，スイスアルプス．専門：雪氷学・気象学・防災学・環境科学．
主な著作：雪の科学，「faura」34号，ナチュラリー，2011年．分担執筆『雪氷研究の系譜－北海道の雪氷から世界の雪氷圏まで』日本雪氷学会北海道支部，2009年．
おすすめの映像作品：『雪の結晶　1939年（戦前版）＋1953年（戦後版）』中谷宇吉郎指導，「ドキュメンタリー映像集成 文化・記録映画でよむ現代日本4 科学と技術」（株式会社紀伊国屋書店，2006年発売）に収録．

【分担執筆著者】

箭内《やない》 匡《ただし》　　第 1 章執筆

1962 年生まれ，東京都出身．最終学歴：東京大学大学院総合文化研究科博士課程，博士（学術）．勤務先：東京大学大学院総合文化研究科．調査地：スペイン，チリ，ペルー．専門：イメージの人類学，哲学，映画研究．
主な著作：共編『映像人類学（シネ・アンスロポロジー）―人類学の新しい実践へ』（村尾静二・箭内匡・久保正敏編）せりか書房，2014 年，編著『映画的思考の冒険―生・現実・可能性』世界思想社，2006 年など．
おすすめの映像作品：『映像人類学（シネ・アンスロポロジー）』では人類学的映像に関して，『映画的思考の冒険』では映画一般に関して，たくさんの興味深い作品の紹介があります．

藤田《ふじた》 良治《よしはる》　　第 3 章執筆

1973 年生まれ , 茨城県牛久市出身．最終学歴：筑波大学大学院図書館情報メディア研究科博士課程後期修了．博士（情報学）．勤務先：北海道大学総合博物館．調査地：北海道，北極海（プライベートでは, 南国のモルディブやニューカレドニアなどリゾートを好みます）．
専門：博物館映像学．主な著作：編著『学船　北海道大学　洋上のキャンパスおしょろ丸』，中西出版, 2014 年．分担執筆『博物館情報学シリーズ　第 7 巻　ミュージアム・コミュニケーションと教育活動』樹村房，2014 年．
フィールドの好きなところ：その瞬間に，最適の場所を見つけて撮影すること．想い出に残るフィールド：ザンビア共和国で仮面を付けたチェワの人たちの儀式，ニャウを撮影したこと．おすすめの映像作品：『グラン・ブルー』リュック・ベッソン監督，1998 年．最近海をフィールドに取材する機会が多かったので見直した映画です．冗長な部分もありますが，ストーリーがシンプルで，映像もきれいです．

渡辺《わたなべ》 佑基《ゆうき》　　コラム 1 執筆

1978 年生まれ，岐阜県出身．最終学歴：東京大学大学院農学生命科学研究科博士課程修了．博士（農学）．勤務先：国立極地研究所．調査地：南極，北極，ハワイ，バハマ，岩手などの海．専門：海洋動物学．
主な著作：単著『ペンギンが教えてくれた物理のはなし』（毎日出版文化賞受賞）河出書房新社，2014 年．
フィールドの好きなところ：無駄に過ごせる時間がたくさんあること．フィールドに持っていくもの：好きな作家の最新作．

【編者】

分藤《ぶんどう》 大翼《だいすけ》　　イントロダクション，第 8 章，編集後記執筆

1972 年生まれ，大阪府出身．最終学歴：京都大学大学院アジア・アフリカ地域研究研究科博士課程修了．博士(地域研究)．勤務先:信州大学 学術研究院 総合人間科学系 . 調査地：カメルーン共和国東部州．専門：映像人類学，アフリカ地域研究.
主な著作：分担執筆『可能性としての文化情報リテラシー』（岡田浩樹・定延利之編）ひつじ書房 , 2010 年．分担執筆『見る、撮る、魅せるアジア・アフリカ！―映像人類学の新地平―』（北村皆雄・新井一寛・川瀬慈編）新宿書房，2006 年.
主な映像作品:『*Wo a bele* ―もりのなか―』，2005 年．『*Jengi*』，2008 年 .『*jo joko*』，2012 年.
好きな映像作品：『右側に気をつけろ』ジャン＝リュック・ゴダール監督，1987 年．『マルメロの陽光』ビクトル・エリセ監督，1992 年 .

川瀬《かわせ》　慈《いつし》　　イントロダクション，第 6 章執筆

1977 年生まれ，岐阜県出身．最終学歴：京都大学大学院アジア・アフリカ地域研究研究科博士修了．博士（地域研究)．勤務先：国立民族学博物館 . 調査地：エチオピア連邦民主共和国．専門：映像人類学，アフリカ地域研究.
主な論文・著作:「音、身体、イメージの新たな関係―Sensoryscape from Gondar のこころみ―」『年報カルチュラル・スタディーズ』Vol.2，2104 年．共編『見る、撮る、魅せるアジア・アフリカ！―映像人類学の新地平―』（北村皆雄・新井一寛と共編）新宿書房，2006 年.
主な映像作品：『ラリベロッチ―終わりなき祝福を生きる―』，2005 年．『*Room 11, Ethiopia Hotel*』, 2006 年．『精霊の馬』, 2012 年．『ザフィマニリスタイルのゆくえ』, 2013 年.『*Tattoo Gondar*』，2014 年．好きな映像作品：『渇き』グル・ダット監督，1957 年.

村尾《むらお》 静二《せいじ》　　イントロダクション，第 2 章執筆

1969 年生まれ，京都府出身．最終学歴：総合研究大学院大学文化科学研究科比較文化学専攻（国立民族学博物館), 博士（文学)．勤務先:立教大学現代心理学部映像身体学科（兼任講師)．調査地：インドネシア共和国．専門：映像人類学，文化人類学.
主な著作：共編『映像人類学（シネ・アンスロポロジー）―人類学の新たな実践へ』（村尾静二・箭内匡・久保正敏編）せりか書房，2014 年．分担執筆『映像人類学の冒険』（伊藤俊治・港千尋編）せりか書房，1999 年.
主な映像作品：『光と影の往来－バリ島の影絵人形芝居ワヤン・クリ』2014 年，『老いの時空 Flame of life / aging in Bali』2008 年，『護りの時空―インドネシア・ミナンカバウの伝統的身体技法』2007 年．好きな映像作品:『甘い生活』フェデリコ・フェリーニ, 1960 年.『世界最古の洞窟壁画－忘れられた夢の記憶』ヴェルナー・ヘルツォーク監督，2010 年.

【編者】
分藤《ぶんどう》 大翼《だいすけ》　信州大学学術研究院総合人間科学系勤務
川瀬《かわせ》 慈《いつし》　国立民族学博物館勤務
村尾《むらお》 静二《せいじ》　立教大学現代心理学部勤務

FENICS (Fieldworker's Experimental Network for Interdisciplinary CommunicationS)

シリーズ全 15 巻監修　椎野若菜

FENICS は学問分野や産学の壁にとらわれずフィールドワーカーをつなげ，フィールドワークの知識や技術，経験を互いに学びあい，新たな知を生み出すことを目指すグループ（NPO 法人申請中）です．フィールドワークをしている，フィールドワーク／フィールドワーカーに興味のあるあなたも FENICS に参加してみませんか？ まずは以下の Web サイトをたずねてみてください．登録して会員になると，フィールドワーカーから Web 上で，メルマガで，あるいはイベントで生の情報を得ることができます。下記の HP にアクセス！

http://www.fenics.jpn.org/

FENICS 100 万人のフィールドワーカーシリーズ　第 15 巻

書　名　**フィールド映像術**

コード　ISBN978-4-7722-7136-3

発行日　2015（平成 27）年 1 月 15 日　初版第 1 刷発行

編　者　分藤大翼・川瀬 慈・村尾静二

装　丁　有限会社 ON　臼倉沙織　http://www.on-01.com

発行者　株式会社 古今書院　橋本寿資

印刷所　株式会社 理想社

製本所　株式会社 理想社

発行所　古今書院　〒 101-0062 東京都千代田区神田駿河台 2-10

TEL/FAX　03-3291-2757 / 03-3233-0303

ﾎｰﾑﾍﾟｰｼﾞ　http://www.kokon.co.jp/　検印省略・Printed in Japan

1 フィールドに入る　＊既刊（2014年6月）
椎野若菜・白石壮一郎　編

どうやって自分の調査地に入っていったのか？ アフリカの農村から北極南極の雪原まで、調査初期段階のエピソードを中心に紹介。現地の協力者と出会い、多くを教えられ調査地になじんでいく過程を描くシリーズ入門編。

2 フィールドの見方
増田研・梶丸岳・椎野若菜　編

学問分野が異なれば、同じものを見ても、同じ場所にいても、同じテーマを扱っていても、考え方や分野の違いによってフィールドを見る眼が違ってくる。違いのおもしろさを発見し、研究の新たな可能性を探る。

3 共同調査のすすめ
大西健夫・椎野若菜　編

文理横断型の学際的な共同調査に参加することで、どのようなことに悩んだり苦労したのか、そして、どのような発見と自身の成長があったのか。フィールドワーカーの葛藤と飛躍を、共同調査の経験者たちが語る。

4 現場で育つ調査力
増田研・椎野若菜　編

フィールドワーカーの養成と教育がテーマ。初学者である学生に関心をもってもらうための工夫、専門家養成のためのさまざまな試みを披露する。調査技術の体系的伝授が先か？ それとも現場力や行動力が重要なのか？

5 災害フィールドワーク論　＊既刊（2014年9月）
木村周平・杉戸信彦・柄谷友香　編

被害軽減という社会的な課題のために、狭い分野にとらわれない多様なアプローチが災害調査には求められる。さまざまな分野のフィールドワークを見渡すとともに、災害の地域性を考えていく。

6 マスメディアとの交話
椎野若菜・福井幸太郎　編

研究成果を発信するとき、フィールドワーカーはマスメディアとかかわりをもつ。メディアに対して、どのようなスタンスをとればよいのか？ 報道の結果に対して調査者たちはどのような意見をもっているのか？

7 社会問題と出会う
白石壮一郎・椎野若菜　編

調査をすすめていく過程で、その地域の社会問題と向き合わざるをえなくなったとき、フィールドーワーカーは何を感じ、どう行動したのか？ 調査を通して社会問題が姿を変えながら浮上する局面を生き生きと伝える巻。

8 災難・失敗を越えて
椎野若菜・小西公大　編

予期せぬ事態にどう対応したのか？ フィールドワーカーたちは、想定外の事件に遭遇したり、命の危険があるほどの失敗があっても、現場に対処しながらくぐりぬけている。今だから語れる貴重な体験談がおもしろい！

9 経験からまなぶ安全対策
澤柿教伸・野中健一　編

天変地異、病気、怪我、事故、政変、喧嘩など、予期せぬさまざまな危険からどう身を守るのか。「予防」と「対策」をテーマにした実用的な巻。個人レベルから組織レベルまで、安心安全のための知識と方法と教訓が役立つ。

10 フィールド技術のDIY
的場澄人・澤柿教伸・椎野若菜　編

現場での調査観測は、必ずしも予定通りに進まないことが多い。また思わぬ事象、現象、資料に遭遇することもある。想定外のチャンスを、現場で、また研究室でどのようにものにしたのか。その苦労、工夫を紹介する。

11 衣食住からの発見　＊既刊（2014年6月）
佐藤靖明・村尾るみこ　編

現地の衣食住とかかわることで、思いがけないプラス効果やマイナス効果に出会う。その先に、次なる展開がまっていることも。衣食住をきっかけに、フィールドワーカーが成長し、研究テーマを深めていく過程を描く。

12 女も男もフィールドへ
椎野若菜・的場澄人　編

ジェンダーとセクシュアリティがテーマ。女性の苦労、男性の苦労、妊娠・出産・子育てしながらの調査、長期の野外調査と家庭の両立など、フィールドワーカーの人生の試行錯誤が語られる。

13 フィールドノート古今東西
椎野若菜・丹羽朋子・梶丸岳　編

情報化が進み、世界中のデータがデジタル化される現代にあっても研究者は手書きで記録を取っている。フィールドでの記録の手法を学際的に比べることで、フィールドノートのさらなる発展を期することを目指している。

14 フィールド写真術
秋山裕之・小西公大　編

写真撮影を上達したいフィールドワーカーのために、一眼レフカメラによる写真撮影の基礎から、フィールドでの撮影条件を意識した主題を的確に描写するためのテクニック、芸術性の向上につながる写真術について概説。

15 フィールド映像術　＊既刊（2014年12月）
分藤大翼・川瀬慈・村尾静二編

映像についての理論編、制作編、応用編からなり、フィールドワーカーが映像を活用するにあたっての注意点から、現地の人びとととともにつくる映像、自然・動物を相手にした映像まで分野を横断したフィールド映像術。

＊ 2014年末時点の既刊は4冊です

1巻・5巻・11巻　定価2600円＋税

15巻　定価2800円＋税

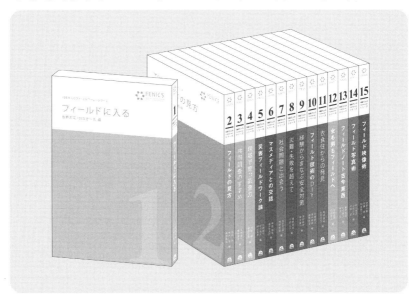